Objectif IA
Découvrez l'intelligence artificielle

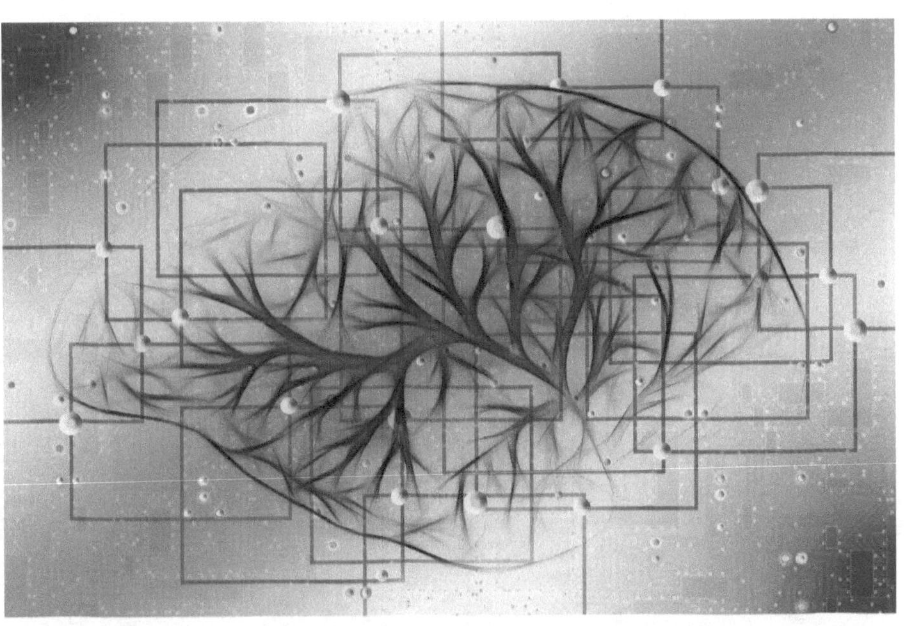

Yves Guéchi
Juillet 2023

YVES GUÉCHI
AUTEUR

"L'intelligence artificielle est l'avenir de tous les aspects de la vie humaine - de l'économie à la médecine, de l'éducation aux divertissements." - Fei-Fei Li (Traduction: "Artificial intelligence is the future of every aspect of human life - from economics to medicine, from education to entertainment.")

Sommaire :

Introduction

L'intelligence artificielle ou l'IA, vous en entendez parler à la radio, à la télévision, et Internet propose des centaines de vidéos et d'articles sur cette thématique. Avec autant de sources d'information, pas facile de s'approprier le sujet !

Nous vous présentons l'intelligence artificielle de A à Z, pour vous donner des clés de compréhension et des pistes de réflexion.

Qu'est-ce que l'intelligence artificielle ? Dans quelle mesure est-ce que nous interagissons avec elle dans notre vie quotidienne ? Quels sont les défis et les opportunités associés à cette révolution ?

Dans ce livre, nous répondrons à toutes ces questions.

Dans un premier temps, vous en apprendrez plus sur ce que recouvre vraiment l'intelligence artificielle. Vous identifierez ensuite les changements que l'IA amène dans notre société.

Enfin, vous rentrerez dans le fonctionnement d'un projet d'intelligence artificielle et des disciplines d'IA les plus utilisées : le Machine Learning et le Deep Learning.

I-Détectez les applications de l'IA dans votre vie

Découvrez comment l'intelligence artificielle s'inscrit dans votre quotidien

Débutons ce premier chapitre en nous interrogeant sur ce qu'est l'intelligence artificielle. Commençons par un petit tour d'horizon à travers des exemples de la vie courante. Les applications de l'IA nous entourent dans notre quotidien. Suivez-nous dans une journée-type pour vous en rendre compte !

8 h : Un café, et c'est parti !

Il est 8 h du matin, vous naviguez peut-être sur un réseau social tel que **Facebook, Instagram, LinkedIn** ou **Twitter.**

Quel que soit le réseau que vous utilisez, toutes ces plateformes appliquent des techniques d'intelligence artificielle à leurs services.

Vous faites défiler votre fil d'actualité pour découvrir les nouvelles du jour et les contributions de votre réseau.

Savez-vous que votre fil d'actualité est unique ?

Il est complètement construit et affiché pour vous, et ce en fonction de nombreux paramètres (par exemple : vos intérêts, les personnes que vous suivez, les posts que vous avez "likés"). Ainsi, lorsque vous faites défiler ce fil d'actualité, il ne s'agit pas d'un contenu fixe mais bien d'un contenu personnalisé. Des techniques sont mises en œuvre afin de vous fournir l'information la plus pertinente, à travers des contenus ciblés selon votre profil : des articles, des vidéos, des posts de votre réseau, et aussi des publicités.

8 h 45 : Direction le boulot

Vous montez dans votre transport habituel pour rejoindre votre travail, et choisissez votre application musicale préférée, par exemple Spotify ou Deezer. En un clic, vous pouvez découvrir des dizaines de chansons et de podcasts recommandés !

*Cette **recommandation d'œuvres** est permise par l'IA. Une sélection de contenus est suggérée en fonction de votre profil.*

Vous trouverez par exemple la liste de lecture "Découvertes de la semaine", ces nouveaux titres à écouter, mise à jour chaque lundi par Spotify. Pour constituer cette playlist, un programme d'IA a analysé vos écoutes récentes, et celles d'autres utilisateurs aux goûts proches des vôtres.

9 h 30 : Répondez à vos emails

Vous ouvrez votre boîte mail et vous traitez vos messages un par un. Vous commencez à peine à répondre à votre manager Annie que votre boîte mail vous propose la suite du texte à lui écrire en gris clair. "Bonjour Annie, j'espère que vous allez bien."

*L'**IA est très forte pour** prédire la suite de mots la plus probable, comme nous le verrons dans **l'avant***

dernier chapitre. *En fonction de données textuelles passées, l'IA arrive souvent à prédire ce que vous voulez dire.*

À court d'inspiration, vous demandez à votre chatbot : "écris-moi une réponse à Annie dans un langage cordial – je m'occupe du travail qu'elle mentionne d'ici ce soir". Le chatbot vous propose instantanément une réponse de quelques lignes, dans un langage très professionnel, que vous envoyez dans la foulée.

12 h 30 : À table !

Vous rejoignez vos collègues pour la pause déjeuner, et l'un d'eux vous propose de tester ce petit restaurant qui vient d'ouvrir au bout de la rue ! Vous acceptez et, pour faire baver vos amis, vous décidez de prendre une photo de votre dessert.

Lorsque vous réalisez votre photo, l'appareil se calibre automatiquement en fonction de la scène qui va être photographiée. Derrière vos clichés réussis, il y a une application d'IA qui optimise les paramétrages de l'appareil photo pour vous.

Vous faites également une photo avec vos collègues préférés, et la postez sur les réseaux. Lorsque vous publiez votre photo, la plateforme vous suggère d'identifier les personnes présentes sur celle-ci.

*Si le cliché présente des individus qui font partie de votre cercle proche, leur identification vous est proposée automatiquement. **L'identification des visages** est aussi une fonctionnalité facilitée par l'IA.*

13 h 45 : Un petit tour sur LinkedIn

Chaque jour, vous consacrez quelques minutes à votre réseau social professionnel. Cette application bien pratique vous permet de rester au fait des actualités de votre réseau. Vous êtes à la recherche d'un nouveau job ? Ce réseau peut vous faire des recommandations de postes.

Pour ce faire, un programme d'IA a été conçu : il analyse votre profil professionnel en détail et identifie les offres d'emploi les plus pertinentes pour vous.

18 h : Retour à la maison

Quel que soit votre moyen de locomotion, vous vous appuyez sûrement sur des applis comme Google Maps ou Waze. Très pratiques, elles savent fournir des informations de trafic en temps réel. Mieux, elles savent désormais anticiper les retards (par exemple de bus ou de train).

Pour cela, elles utilisent l'intelligence artificielle et les données disponibles (positions des bus en temps réel, météo, etc.).

19 h : Minute shopping

Le e-commerce, c'est des millions de produits à portée de clic. Vous avez peut-être déjà effectué vos achats sur Cdiscount, la Fnac ou Amazon. Ces acteurs utilisent l'IA pour vous offrir la meilleure expérience d'achat.

Concrètement ? Ils travaillent par exemple sur la recommandation d'articles qui seront les plus pertinents pour vous.

Définissez ce qu'est l'intelligence artificielle

Vous l'avez vu, l'IA est omniprésente dans votre vie. Et elle se manifeste sous différentes formes dans votre quotidien.

Mais alors, comment la définir ? Simplement, l'IA, c'est quoi ?

Définition de l'intelligence artificielle :

*"L'intelligence artificielle, c'est **toute technologie informatique qui permet de résoudre des problèmes complexes qu'on aurait cru réservés à l'intelligence humaine."***

- Cédric Villani

Donc en réalité, il n'y a pas "une" intelligence artificielle, il y a différentes technologies qui font partie du champ d'étude de l'intelligence artificielle. Vous en découvrirez plusieurs dans la suite de ce livre.

Découvrez les quelques dates clés de la progression de l'IA sur cette frise :

L'histoire de l'intelligence artificielle

Le jeu de go est un jeu de plateau d'origine chinoise où il s'agit de manipuler des pierres (noires et blanches) et de créer des "territoires" pour bloquer l'adversaire. Le jeu Jeopardy est un jeu télévisé d'origine américaine où il s'agit de deviner la question correspondant aux indices présentés.

Découvrez comment l'IA va continuer à investir votre quotidien

De plus en plus d'utilisations de l'intelligence artificielle vont débarquer dans nos vies, nous vous proposons deux exemples d'usage aujourd'hui étonnants qui pourraient devenir complètement banals dans quelques années.

Dirigez votre maison par la voix

Aujourd'hui, de plus en plus de personnes utilisent dans leur maison des appareils qu'ils commandent par la voix, comme des enceintes à commande vocale, ou des assistants comme Alexa ou Google Home...

Ça ne vous dit rien ? Ce sont des équipements qui peuvent être interrogés naturellement par leur utilisateur à l'aide de la voix. On leur commande d'allumer telle lumière du domicile, de démarrer une playlist musicale ou de nous donner la météo.

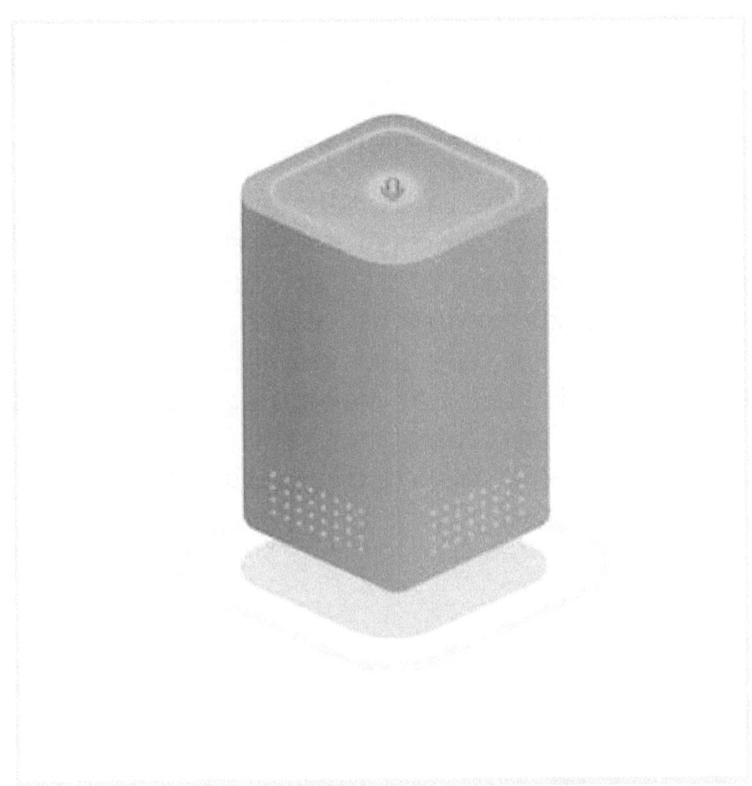

Une enceinte à commande vocale

Les fonctionnalités de ces enceintes connectées ne font que s'enrichir au point de devenir de véritables assistants du quotidien.

Selon une étude CSA/Hadopi de février 2019, plus de 5 millions de Français étaient déjà équipés d'une enceinte à commande vocale.

Ces nouveaux types d'interface vocale avec les machines vont se perfectionner et être disponibles dans des contextes de plus en plus variés. Nous pourrons interagir par la voix avec des périphériques aussi divers qu'un téléviseur, le tableau de bord d'une voiture ou même une machine à café.

Faites-vous conduire par un véhicule autonome

Le secteur des transports va bénéficier des dernières avancées. À la clé : plus d'optimisation et de fluidité. Par exemple, les flottes de taxis et VTC ont été réinventées avec des entreprises comme Uber ou Kapten (ex-Chauffeur Privé). Ainsi, les déplacements des chauffeurs sont optimisés. Les **véhicules autonomes** sont une prochaine révolution permise par l'IA qui promet de transformer le monde des transports.

Un véhicule autonome

Équipés de capteurs et d'un ordinateur très puissant, ces véhicules sont capables d'arpenter les routes de façon autonome. Dans un futur pas si lointain, nous pourrons nous faire conduire par une voiture autonome. Plus besoin de conduire, nous pourrons consacrer ce temps à lire ou à consulter nos emails. Au-delà d'un confort individuel, cela pourrait permettre de fluidifier la circulation et de réduire les accidents.

*De nombreux acteurs et équipementiers automobiles proposent des solutions "autonomes". En France, par exemple, EasyMile est un minibus autonome électrique. Autre exemple français, l'équipementier Valeo et son projet Drive4U, qui propose une **voiture prête à arpenter les rues de Paris.***

En résumé

- L'intelligence artificielle est déjà présente dans nos quotidiens : de nos applications de réseaux sociaux à nos choix d'itinéraires, en passant par nos choix musicaux ou de vidéo.
- On peut définir l'IA comme "toute technologie informatique qui permet de résoudre des problèmes complexes qu'on aurait cru réservés à l'intelligence humaine."
- Ce champ d'étude a encore beaucoup à nous proposer, et de nombreuses utilisations de l'IA vont voir le jour dans les prochaines années.

II-Repérez-vous dans le champ de l'intelligence artificielle

Les disciplines de l'intelligence artificielle permettent aux machines d'accomplir des tâches qu'on pourrait penser réservées aux humains. Pour bien cerner ce que recouvre la révolution de l'IA, il faut avoir en tête quelques concepts qui lui sont liés de près ou de loin ; entre autres : les données, le Big Data ou le Deep Learning.

Pour mieux s'y repérer, nous allons décrypter avec vous ces concepts incontournables qui gravitent autour de l'intelligence artificielle !

L'intelligence artificielle est un vaste champ d'étude. Nous avons fait le choix de vous présenter les concepts qui nous semblent les plus importants pour appréhender ce sujet passionnant. Gardez en tête que ce n'est pas une vision exhaustive de tous les éléments qui la composent.

Identifiez les données que vous produisez

La (ou les) "data", les "données", la "protection des données", la "magie de la data", le "vol de données", prendre des "décisions basées sur la data"... on entend ce mot partout dans les actualités ! Mais que veut-il dire exactement ?

*Mettons tout le monde d'accord sur une chose essentielle : **Data = données**, les data sont simplement la traduction anglophone des données.*

D'accord, mais qu'est-ce que c'est, en fait, les données
?

Les données, ce sont ces informations qui sont
enregistrées pour être utilisées par les programmes
informatiques. Par exemple, un texte enregistré sur
votre ordinateur, un mémo vocal enregistré avec votre
smartphone ou encore le dernier cliché de votre
appareil photo sont des données.

Que ce soit à travers nos échanges d'emails, nos
réseaux sociaux ou en faisant du shopping en ligne,
nous produisons ces données.

Découvrez le Big Data

Toutes ces données, vous n'êtes pas le seul à les produire ! À l'échelle de la société, nous produisons collectivement de très nombreuses données. Pour vous donner une idée, chaque minute :

- Google est sollicité près de 4 millions de fois ;
- 4,5 millions de vidéos sont visionnées sur YouTube ;
- 188 millions d'emails sont échangés.

Ce sont toutes ces données qui forment le concept de **Big Data.** *On pourrait le traduire par* **"données massives".**

Le concept de Big Data a été forgé pour désigner ce phénomène d'explosion des données. L'élément-clé dans le Big Data, c'est le **volume** de données qui est considérable.

Ensuite, il faut garder à l'esprit que les données du Big Data sont variées. Il peut s'agir de nombres, de texte mais aussi de vidéo, d'audio, etc. Ces données ne concernent pas uniquement le monde de l'Internet mais sont également issues de capteurs dans le monde "physique". Dans les transports par exemple, un bus peut enregistrer régulièrement sa position pour assurer un service fluide pour les usagers.

Mais à quoi servent toutes ces données ? Et en quoi sont-elles liées à l'intelligence artificielle ?

Faisons le point !

Découvrez la Data Science, ou la science des données, discipline liée à l'IA

Toutes ces données sont collectées et utilisées par des organisations. Il s'agit par exemple d'améliorer votre expérience en ligne ou de vous offrir des services personnalisés.

Avant d'envisager d'utiliser l'intelligence artificielle, il s'agit d'explorer les données pour en tirer des tendances. Comment s'y prend-on ? Regardons cela en détail !

Pour analyser toutes les données collectées, ces fameuses données massives, ce fameux Big Data, les organisations vont avoir recours à une discipline transversale : la **Data Science, ou science des données**.

Vous avez peut-être entendu parler du métier de Data Scientist. Il a connu un grand engouement ces dernières années, au point de devenir l'un des métiers les plus plébiscités par les recruteurs.

Prenons l'exemple d'une chaîne de vêtements qui détient plusieurs boutiques en France. Elle détient des données, notamment l'ensemble des ventes réalisées par ses différents points de vente. Elle vient de recruter une Data Scientist pour l'aider à mieux analyser ses ventes. Elle souhaite aussi identifier les collections qui sont le plus susceptibles de se vendre à l'avenir.

La Data Scientist analyse les données disponibles dans les moindres détails. Son objectif ? Comprendre les chiffres du passé pour expliquer les tendances de ventes en fonction de nombreux critères. Pour cela, elle doit cumuler plusieurs compétences :

- des connaissances en mathématiques et en statistiques qui lui permettent d'analyser les chiffres ;
- des compétences en informatique car elle doit être en mesure de traiter des quantités importantes d'informations ;
- des compétences dans le secteur dans lequel elle intervient. Dans le cas de la mode, il faudra par exemple savoir analyser les mouvements de stock, la saisonnalité des ventes, etc.

La Data Scientist a terminé son analyse des ventes. On lui demande par la suite de mettre en place des outils pour anticiper automatiquement les produits qui seront les plus vendus dans les prochains mois. Pour cela, elle doit s'appuyer sur des disciplines de l'intelligence artificielle : étudions-les en détail !

Apprenez-en plus sur deux disciplines de l'IA : le Machine Learning et le Deep Learning

Pour mettre en place un programme d'intelligence artificielle, on fait appel aux disciplines de Machine Learning et à l'une de ses sous-disciplines, le Deep Learning. Vous en avez déjà entendu parler mais vous ne savez pas vraiment ce qui se cache derrière ces deux expressions ? Accrochez vos ceintures, c'est le moment de les décrypter !

Dans ce chapitre, nous allons vous expliquer dans les grandes lignes ces deux notions d'IA. Vous pourrez découvrir leur fonctionnement scientifique en détail dans la troisième partie du cours.

Le *Machine Learning* ou apprentissage automatique

L'apprentissage automatique, ou *Machine Learning*, est un sous-ensemble de l'intelligence artificielle qui permet à un programme informatique d'effectuer une tâche pour laquelle il n'est pas programmé explicitement : il est programmé pour apprendre à la faire. On donne au programme de nombreuses données et il apprend à partir de ces données. Cette discipline est notamment utilisée dans votre boîte email pour classer automatiquement un email en spam.

Ça vous semble toujours aussi mystérieux ? Pas de panique, nous rentrerons dans les détails dans le chapitre dédié : **Initiez-vous aux fondamentaux du Machine Learning ou apprentissage automatique**.

Le *Deep Learning* ou apprentissage profond

Ce champ d'étude est un des sous-champs d'étude du Machine Learning (comme vous l'illustre le schéma ci-dessous).

L'apprentissage profond, ou *Deep Learning*, repose sur la construction de réseaux de neurones artificiels. Ces réseaux, composés de milliers, voire millions de neurones, sont inspirés du cerveau humain. Le Deep

Learning s'applique souvent sur des quantités de données beaucoup plus importantes que le Machine Learning. Il apprend de cette masse d'exemples et obtient dans certains cas de bien meilleurs résultats que les disciplines traditionnelles d'intelligence artificielle.

Le Deep Learning est particulièrement performant pour travailler avec des données vocales. Vous pouvez penser par exemple aux questions qui sont récoltées par des assistants virtuels. Ces signaux audio doivent être interprétés et traduits en texte avant de pouvoir trouver une réponse. C'est ce qu'on appelle le *traitement automatique du langage naturel.*

> *Vous en apprendrez plus sur le Deep Learning dans le chapitre dédié : ***Appréhendez le Deep Learning ou l'apprentissage profond.***

Au final, on peut représenter les différents champs d'étude comme imbriqués ainsi :

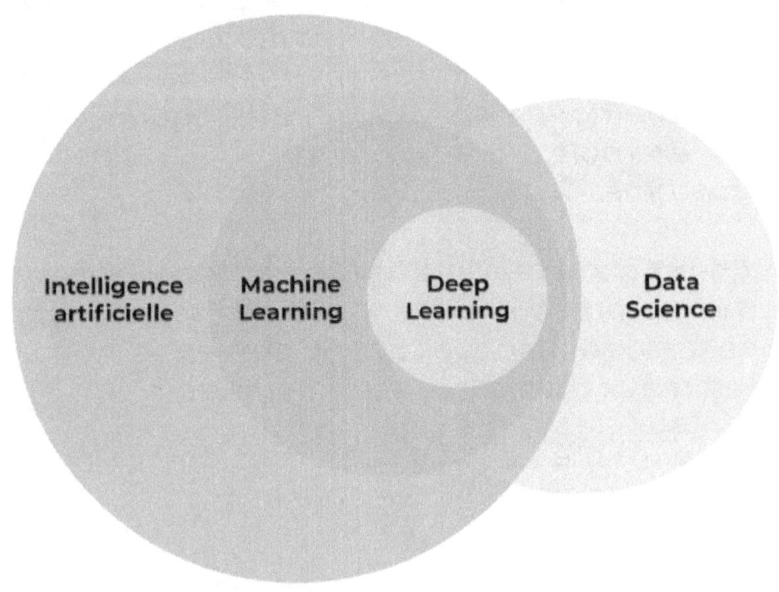

Une représentation de l'organisation des différentes disciplines présentées

Pour rappel, l'intelligence artificielle comporte d'autres disciplines. Nous avons choisi de vous présenter les plus importantes.

Complétez votre définition de l'intelligence artificielle

Avec le Machine Learning et sa sous-discipline le Deep Learning, l'intelligence artificielle permet de résoudre des problèmes qu'on aurait cru réservés à l'intelligence humaine, comme par exemple interpréter le langage naturel, ou réaliser des prédictions ou des recommandations complexes. Pour cela, on met en place des algorithmes.

*Un **algorithme,** c'est une suite d'instructions qui permet d'aboutir à un résultat donné. Ainsi, en général un algorithme permet de résoudre un problème donné en suivant une séquence d'étapes. Par exemple, une recette de cuisine est un algorithme.*

En fin de compte, l'intelligence artificielle vise à doter les programmes informatiques de facultés cognitives qu'on associe habituellement aux êtres humains ou aux animaux : percevoir, raisonner et agir.

Au chapitre précédent, nous avions défini l'intelligence artificielle comme :

"toute technologie informatique qui permet de résoudre des problèmes complexes qu'on aurait cru réservés à l'intelligence humaine."

On peut maintenant compléter cette définition de l'intelligence artificielle, qui est :

*toute technologie informatique **algorithmique** qui permet de résoudre des problèmes complexes qu'on aurait cru réservés à l'intelligence humaine, **en simulant des capacités humaines comme la perception et le raisonnement.***

Et les robots, dans tout ça ?

Il y a souvent une confusion entre **intelligence artificielle** et **robotique**. Effectivement, ce sont des domaines d'étude qui sont souvent présentés ensemble, car ils sont souvent tous les deux impliqués dans les mêmes projets.

Alors, qu'est-ce qui les distingue ?

La robotique correspond à la partie mécanique. Grâce à la mécanique, un robot peut se déplacer. Le robot capte des informations de son environnement avec divers capteurs. On peut ainsi le doter de micros pour enregistrer l'audio et de haut-parleurs afin de diffuser des sons. Tout ça rentre dans le domaine de la robotique.

Quand on pense robot, on pense souvent aux robots humanoïdes : ce sont les plus impressionnants ! Mais en réalité, la majeure partie des robots ne ressemblent pas à ça :

Mais plutôt à ça :

L'intelligence artificielle, quant à elle, va être utilisée pour augmenter le robot afin de lui permettre de compléter de nouvelles tâches. Par exemple, il pourra se déplacer dans des environnements de façon autonome.

On peut donc avoir des robots qui fonctionnent sans IA, comme par exemple les robots industriels, dont le comportement est programmé de A à Z par un humain. On peut aussi avoir des IA qui ne sont pas implémentées dans des robots, comme c'est le cas des assistants vocaux de nos téléphones.

En résumé

- Nous produisons chaque jour de nombreuses données comme les emails, les photos, etc.
- Le Big Data, c'est l'ensemble de ces données massives.
- L'intelligence artificielle et la Data Science sont deux disciplines qui sont utilisées conjointement, notamment pour mettre en place du Machine Learning ou du Deep Learning.
- L'intelligence artificielle et la robotique sont deux disciplines différentes, mais souvent présentes dans les mêmes projets.
- Nous définissons l'IA comme "toute technologie informatique algorithmique qui permet de résoudre des problèmes complexes qu'on aurait cru réservés à l'intelligence humaine, en simulant des capacités humaines comme la perception et le raisonnement."

III-Resituez le potentiel de l'intelligence artificielle au-delà des mythes

Nous l'avons vu, l'intelligence artificielle s'invite chaque jour davantage dans votre vie quotidienne. Des chercheurs du monde entier travaillent sur de nombreuses applications de cette discipline scientifique. Que ce soit avec AlphaGo, le robot humanoïde Sophia d'Hanson Robotics, les premières voitures autonomes ou ChatGPT, la presse nous présente des applications toujours plus impressionnantes de l'intelligence artificielle !

L'IA fait les gros titres

Ces innovations et, de façon plus générale, les possibilités offertes par la technologie, inspirent les artistes et producteurs d'œuvres culturelles depuis longtemps : de Frankenstein à Terminator, en passant plus récemment par Wall-E ou la série Black Mirror, les technologies du futur et la question de l'homme augmenté sont partout !

Faisons le point entre mythes et réalité, pour décrypter le potentiel réel de l'IA.

Décryptez les mythes liés à l'IA

Mythe n° 1 : "L'IA fonctionne comme le cerveau humain"

L'ambition de l'intelligence artificielle est de résoudre des problèmes complexes, qu'on pourrait penser réservés aux humains. Il s'agit par exemple de la perception visuelle ou de la reconnaissance du langage.

Et c'est effectivement en essayant de copier le fonctionnement du cerveau humain qu'on a inventé les réseaux de neurones (et donc le début du Deep Learning) qui permettent de dialoguer naturellement avec une machine.

Il faut garder à l'esprit que le fonctionnement de l'IA est éloigné de celui du cerveau humain. Il ne s'agit pas d'une copie ou d'une simulation du cerveau humain.

Mythe n° 2 : "Les programmes d'IA sont conscients et auraient des émotions"

Concevoir une créature capable de conscience et de sentiments : voilà un projet qui a occupé l'imaginaire de dizaines d'artistes bien avant l'arrivée de l'IA en tant que discipline. Entre fantastique et science-fiction, de nombreuses œuvres mettent en scène cette idée.

Le robot Wall-E conçu par les studios Pixar semble exprimer de nombreuses émotions. Les robots humanoïdes de la science-fiction sont dotés non seulement d'intelligence, mais aussi d'expression des sentiments.

Au-delà de la science-fiction, certaines enceintes intelligentes simulent désormais des émotions. Ainsi, l'enceinte d'Amazon Alexa est capable de vous répondre avec une intonation qui peut marquer par exemple l'excitation, la déception ou la désapprobation, bien utiles pour un compagnon artificiel (par exemple pour pallier la solitude des personnes âgées ou accueillir des patients dans un hôpital de façon moins impersonnelle). Le chatbot Bing de Microsoft a fait la une des journaux en produisant des réponses agressives ou blessantes lors de conversations avec quelques utilisateurs. Comme on le verra dans la suite du cours, si ces comportements ressemblent à des émotions fortes comme la colère, elles n'ont rien à voir avec nos émotions humaines.

Des robots capables de joie et de tristesse ? En apparence seulement. Certes, on peut doter les machines de toutes sortes d'émotions, mais il faut garder à l'esprit qu'elles ne font que les simuler. En revanche, que ces systèmes soient conscients et dotés d'émotions ou non, ce qui importe c'est aussi la manière dont l'humain va percevoir l'interaction avec l'IA et réagir. Si l'intelligence artificielle simule à merveille une douleur ou une tristesse profonde, les humains sauront-ils garder à l'esprit qu'il ne s'agit que d'une simulation ? Comment allons-nous réagir face à ça ?

Mythe n° 3 : "Les programmes d'IA pourraient développer leur propre volonté"

Il est important de comprendre que le comportement et les objectifs des IA dépendent de la façon dont ils sont conçus par nous humains.

Certains grands noms dans le domaine scientifique et technologique, dont Stephen Hawking, Bill Gates et Elon Musk, ont exprimé des inquiétudes quant aux dangers d'une IA bien plus intelligente que les humains. Dans le cas où nous lui aurions confié les mauvais objectifs, cette IA se développerait au point que les humains ne puissent plus la contrôler.

On peut penser à l'apprenti sorcier, qui n'arrive plus à arrêter le balai à qui il a magiquement demandé de faire le ménage à sa place.

Ces craintes relèvent avant tout de la difficulté à correctement expliquer nos objectifs aux systèmes d'IA, et à mettre en place les bons garde-fous, que l'on verra dans le chapitre sur la sûreté. Des systèmes d'IA capables de beaucoup de tâches, à qui nous confions des objectifs mal définis, pourraient vraisemblablement mener à de tels accidents.

Néanmoins, il ne s'agit pas de systèmes d'IA qui développeraient spontanément leur propre volonté et leurs propres objectifs, comme c'est le cas dans le film "I, Robot".

En résumé

- Bien qu'inspirées du cerveau humain, les IA ne sont pas une copie ou une simulation du cerveau humain.

- Les produits d'IA n'ont pas d'émotions humaines, même s'ils peuvent parfois en simuler.

- Les systèmes d'IA n'ont pas de volonté indépendante. Leur comportement et leurs objectifs dépendent de la façon dont ils sont conçus par nous, humains.

IV-Découvrez les opportunités de l'intelligence artificielle

L'intelligence artificielle est une technologie prometteuse. Et si on s'en servait pour œuvrer au bien commun ?

De nombreux acteurs se sont déjà saisis de cette opportunité technologique. Leur objectif ? Répondre à des défis de société majeurs, notamment dans les domaines de la santé, l'éducation et l'environnement. La force de ces projets est de combiner des expertises variées : chercheurs en intelligence artificielle, experts sectoriels, citoyens et entrepreneurs.

Parmi les initiatives les plus visibles, on peut citer celle des Nations Unies : "AI for Good" ("l'IA pour le bien commun"), un sommet mondial organisé chaque année depuis 2017 pour mettre en lumière les initiatives les plus prometteuses permises par les utilisations de l'intelligence artificielle.

Découvrez des initiatives d'intelligence artificielle dans le domaine de la santé

Détecter les maladies plus tôt

L'intelligence artificielle est appelée à jouer un rôle dans la prévention des maladies. C'est le cas par exemple du dépistage du cancer du sein. En Europe, on compte près de 500 000 nouveaux cas chaque année.

L'un des enjeux clés est de détecter la maladie le plus tôt possible. Et l'œil d'un praticien même expert peut passer à côté de certains indices précoces difficiles à visualiser. Et c'est à ce stade que l'IA fournit une aide précieuse aux professionnels de santé, notamment pour les aider à identifier les patients les plus à risque.

En 2019, une équipe du MIT a mis au point une IA allant bien au-delà de ce qui est visible pour un médecin. Cette IA est capable de détecter des anomalies très difficiles à observer pour un simple œil humain. Les résultats sont saisissants : l'algorithme permet de dépister un risque de cancer du sein jusqu'à quatre ans avant qu'il ne soit visible à l'image par un œil humain.

Qu'est-ce qui permet d'obtenir de si bons résultats ?

La force de ce projet, c'est le nombre d'images qui permet d'entraîner le système à dépister cette pathologie. Au total, le système repose sur 60 000 patientes et 90 000 images ont été numérisées.

En fait, le programme ne fait pas que détecter le cancer quand il est visible. Il a aussi été développé pour calculer très en amont le risque que celui-ci survienne dans les prochaines années et cibler les femmes les plus à risque. C'est donc un vrai atout dans le domaine de la prévention.

Faciliter la prise de décision médicale

L'IA peut également s'avérer utile après la détection d'une pathologie. En effet, le cancer du sein est très complexe. Les praticiens sont ainsi confrontés à des dossiers de patients comprenant de très nombreuses données à analyser. De plus, ils doivent se coordonner avec d'autres professionnels de santé.

Le projet européen DESIREE vise précisément à fournir un système d'aide à la décision pour le médecin. Concrètement, le logiciel se base sur l'observation de milliers de cas de cancer. Ce système analyse les renseignements sur un patient donné, à la lumière de toutes ses connaissances sur les cas passés.

La force de ce système est de s'enrichir en permanence de nouveaux cas pour personnaliser le plus possible le traitement proposé. Chaque patient est différent, et plus le traitement sera personnalisé, plus les chances de guérison augmenteront. Concrètement, l'IA aide le praticien à prendre la meilleure décision pour le patient.

Favoriser l'accès à la santé au plus grand nombre

Lorsqu'un patient ne parle pas (ou très peu) le français, disposer d'un interprète devient essentiel. Les traducteurs bénévoles ne sont pas toujours disponibles quand c'est nécessaire.

L'initiative "Banlieues Santé" s'appuie sur les progrès récents de l'IA dans le traitement du langage. Cette ONG a développé un algorithme qui est une référence pour la traduction de dialectes dans un contexte médical.

L'idée est donc de s'appuyer sur une application pour smartphone qui traduit en temps réel les dialogues entre patients et professionnels de santé. Cet assistant permet à la fois de traduire en temps réel des langues rares, mais aussi de comprendre les concepts médicaux.

Cette initiative s'est structurée autour d'une communauté de 60 langues, 150 000 patients et 300 quartiers en France, en Suisse, au Maroc et aux États-Unis.

Découvrez des initiatives d'intelligence artificielle dans le domaine de l'éducation

L'intelligence artificielle s'invite également à l'école, et les débuts de ses applications dans l'éducation sont prometteurs.

Aider l'apprentissage de l'écriture

Voilà un pari que s'est fixé la startup Kaligo. Cette initiative est née d'un appel à projets lancé par le ministère de l'Education nationale en 2013, et qui a nécessité 3 ans de recherche avec l'équipe "IntuiDoc" du laboratoire de l'IRISA (Institut de Recherche en Informatique et Systèmes Aléatoires) et l'INSA (Institut National des Sciences Appliquées). Elle a conçu une application de tablette pour permettre aux élèves de s'initier à l'écriture. L'élève écrit sur l'écran à l'aide d'un stylet (un stylo virtuel). Il s'agit par exemple des lettres de l'alphabet ou de ses premiers mots.

Concrètement, le programme d'IA est ici mobilisé pour analyser les données suivantes : sens, forme, ordre et vitesse d'écriture. Toutes ces données permettent à l'application de faire des retours en temps réel à l'élève. Avec son interface ludique et son apport pédagogique, l'application est déjà adoptée par des dizaines de classes.

Soutenir l'apprentissage de la lecture

L'apprentissage de la lecture est un autre défi de taille dans l'éducation. La startup Lalilo propose une application de tablette qui s'adapte à chaque élève. La force de l'IA pour cette application est de personnaliser le contenu de l'élève.

Concrètement, le programme d'IA va adapter les exercices pour chaque élève : en analysant les difficultés de l'élève, le programme d'IA va pouvoir proposer de nouveaux exercices adaptés à celles-ci. Si au contraire l'élève progresse rapidement, l'application proposera des contenus d'un niveau supérieur. Côté équipe éducative, c'est une source intéressante de données sur les enfants et leur progression. On peut ainsi se focaliser sur les élèves qui en ont le plus besoin.

Découvrez des initiatives d'intelligence artificielle dans le domaine de l'écologie et de l'humanitaire

Prévenir les crises planétaires

Quand on évoque l'IA pour le bien commun, l'une des causes qui vient à l'esprit est la famine. Véritable fléau, les problèmes de famine reposent sur de multiples facteurs : changement climatique, conflits, pauvreté, variation du cours des denrées premières.

Fin 2018, l'ONU, la Banque mondiale et la Croix-Rouge internationale se sont associés pour œuvrer en ce sens en lançant le Famine Action Mechanism (FAM), premier mécanisme mondial destiné à prévenir la famine. Concrètement, ces acteurs ont l'ambition de mettre en place un système qui permettra d'anticiper, de se préparer et de réagir plus rapidement aux famines, notamment en débloquant les financements appropriés plus rapidement. Ce projet repose sur la mise en œuvre de l'intelligence artificielle pour prédire ces situations de crise.

La clé d'un tel projet repose sur la prise en compte de multiples données telles que : des images satellites, des données sur les conflits en cours, des prévisions météorologiques, les variations des prix des denrées alimentaires locales, les volumes de production agricole. En s'appuyant sur toutes ces données, un programme d'IA est construit pour prédire l'arrivée d'une telle crise.

Réduire les émissions des bâtiments

Dans le secteur de la construction, des travaux ont été réalisés pour tester des systèmes automatisés pour la gestion de l'énergie de bâtiments et les résultats sont très encourageants : des réductions de consommation énergétique de 18 % ont été observées au sein des bureaux et de 14 % pour des commerces. Cet exemple montre un usage prometteur de l'intelligence artificielle pour la réduction des émissions d'un secteur qui représente près de 40 % de la consommation énergétique annuelle française.

On le voit, l'IA est un outil clé qui peut supporter les initiatives pour la planète. On pourrait citer de nombreux autres exemples, comme l'optimisation de la consommation électrique des villes, la lutte contre le gaspillage alimentaire ou la réduction des embouteillages.

En résumé

- Que ce soit dans l'écologie, l'humanitaire, l'éducation ou la médecine, l'IA nous permet des initiatives qui pourraient changer le monde.

- L'IA peut être un outil pour les êtres humains et les aider à faire de plus grandes choses ou des choses plus rapidement.

V-Identifiez les enjeux de sûreté de l'intelligence artificielle

Les techniques d'IA ont un potentiel formidable. Elles se développent rapidement et infusent progressivement tous les métiers et pans de notre société. Pour ces mêmes raisons, l'IA soulève aussi des questions de sûreté, ainsi que de responsabilité sociale et environnementale.

Elle facilite le travail de certains acteurs malveillants, par exemple pour diffuser de fausses informations ou pour effectuer des attaques en ligne. Elle pose de nouvelles questions de sûreté : comment s'assurer que l'IA fait réellement ce qu'on attend d'elle ? Elle pose des questions concernant les données utilisées, en particulier si ce sont vos données personnelles ou des données biaisées. Et elle pose enfin des questions liées à son impact écologique.

Dans ce chapitre et le suivant, nous allons évoquer ces enjeux plus en détail. À chaque fois, nous vous proposerons des pistes de réflexion que vous pourrez suivre pour rester vigilant et adopter un comportement responsable. À la fin de ces deux chapitres, nous verrons comment la gouvernance de l'IA peut encourager, voire obliger, les entreprises à développer une IA sûre, responsable et digne de confiance. Vous êtes prêt ?

Découvrez les usages malveillants de l'IA

L'IA est un outil au service des humains. Comme nous l'avons vu, elle nous permet de réaliser des progrès spectaculaires dans de nombreux domaines comme la santé, l'éducation ou l'environnement. Elle peut néanmoins aussi faciliter le travail de certains acteurs malveillants. Nous allons explorer deux exemples d'usages malveillants de l'IA auxquels vous serez très certainement confrontés : les fausses informations et les attaques en ligne.

Les fausses informations

Vous avez peut-être déjà vu passer ces vidéos surréalistes : Barack Obama est en train d'insulter Donald Trump ou Mark Zuckerberg déclarant manipuler ses utilisateurs de Facebook. Apparus courant 2018, il s'agit bien entendu de trucages vidéo, mais leur réalisme est saisissant. La technologie sous-jacente repose sur une technique récente d'intelligence artificielle. Ces montages sont souvent qualifiés de deepfake, qu'on pourrait traduire en français par "hypertrucage".

La technologie repose sur le Deep Learning, ou apprentissage profond, que vous découvrirez plus en détail dans la suite de ce cours.

Euh, mais le trucage vidéo, ça existait bien avant l'intelligence artificielle, non ?

En fait, le trucage de photos était auparavant la sphère de quelques experts en retouche photo. Il est aujourd'hui à la portée d'un nombre croissant d'individus. Et les résultats sont de plus en plus convaincants. On peut l'observer en visitant le site This person does not exist qui compile une série de portraits générés avec cette technique d'intelligence artificielle (il vous suffit de rafraîchir la page pour les faire défiler).

On peut facilement se méprendre et croire à de réels visages, alors qu'ils sont générés artificiellement.

Le deepfake concerne à la fois le trucage photo, audio et vidéo. En 2019, une application chinoise (Zao) a fait grand bruit. Elle permet à ses utilisateurs de remplacer le visage de l'acteur d'un clip musical ou d'un film par le portrait photo de leur choix. Avec le développement de l'IA générative, que nous découvrirons dans la suite du cours, de nombreuses vidéos et images fictives générées par l'IA ont circulé sur les réseaux sociaux. C'est le cas de la fameuse image du pape en doudoune blanche.

Les trucages de l'IA ne s'arrêtent pas aux images. L'IA peut être utilisée pour créer beaucoup de faux textes, fausses vidéos, etc. Ces nouvelles techniques suscitent des risques, notamment celui de désinformation massive.

Comment s'en prémunir ?

Ici, deux outils pour vous protéger du deepfake : votre bon sens et votre esprit critique !

Ensuite, cela passe par quelques conseils à mettre en place :

- questionnez vos sources : regardez si la source de l'information est légitime, si c'est un média reconnu, par exemple ;

- recoupez vos informations : en allant voir sur d'autres sites d'information ;

- vous pouvez également utiliser des sites de fact-checking, comme le proposent des initiatives comme Les décodeurs par Le Monde, Factuel par l'AFP...

Les attaques en ligne

Avec l'augmentation croissante des capacités de l'IA et sa démocratisation, de plus en plus de cybercriminels utilisent l'IA pour réaliser des attaques en ligne. Ils s'en servent par exemple pour détecter les vulnérabilités de vos appareils ou pour automatiser le phishing, qui consiste à vous leurrer afin d'obtenir vos données personnelles, un mot de passe ou encore des identifiants bancaires. Voyons quelques exemples d'attaques en ligne possibles et d'ores et déjà employées.

Attaque par phishing

L'IA peut être mobilisée pour identifier plus facilement des profils de victimes qui cliqueront facilement sur les liens frauduleux ou pour personnaliser des mails avec des données récupérées (lors de précédentes fuites de données ou via les médias sociaux comme LinkedIn, Facebook, Twitter, etc.).

Un outil automatisé appelé SNAP_R4 est capable de générer des tweets de phishing réalistes et adaptés aux interlocuteurs. Les chercheurs qui l'ont développé ont observé des taux de clics largement supérieurs aux techniques précédentes qui ne mobilisent pas d'intelligence artificielle.

Usurpation d'identité

Les mêmes techniques de trucages décrites précédemment peuvent être utilisées pour des attaques en ligne. Une technologie appelée "deep voice" utilise l'IA pour se faire passer pour la voix d'une personne à partir d'échantillons audio de sa voix. Ces échantillons peuvent être obtenus à partir d'enregistrements de réunions en ligne ou de prises de paroles en public (facilement accessible quand il s'agit de journalistes, de politiques ou de dirigeants de grandes entreprises).

En 2020, un manager au sein d'un banque à Hong Kong a reçu un appel de son directeur pour lui annoncer la nouvelle très positive : l'entreprise va faire une acquisition importante, et pour ce faire, le manager doit obtenir l'approbation de sa banque pour réaliser plusieurs transferts d'un montant cumulé de 35 millions de dollars. Reconnaissant la voix de son directeur, l'employé pensait que tout était bien réel et a commencé à envoyer de l'argent alors qu'il s'agissait en réalité d'une voix simulée par intelligence artificielle.

Une cyberattaque de bout en bout utilisant l'IA

Les différentes formes de cyberattaques vu précédemment ne sont qu'une infime partie des possibilités. Elles sont en soi une menace mais elles peuvent également être combinées et donner lieux à des attaques où l'IA réalise l'ensemble des actions nécessaires de bout-en-bout : qu'il s'agisse de la reconnaissance de cibles, de l'intrusion dans un système, de l'exécution de commande informatique, de l'élévation de privilège, ou de l'exfiltration dissimulée des données.

Découvrez les enjeux de sûreté de l'IA

Les modèles d'intelligence artificielle basés sur l'apprentissage machine sont très performants mais posent d'importantes questions de sûreté : ils ne se comportent pas toujours tel qu'on le souhaite, et parfois de façon dangereuse. Ce problème de sûreté est particulièrement important dans l'IA puisque ces systèmes deviennent de plus en plus autonomes et restent très largement imprévisibles, à la différence d'autres objets comme les voitures. Bien que les entreprises et les gouvernements aient investi peu de moyens dans la sûreté de l'IA, le sujet pourrait être l'un des enjeux clés du XXIe siècle, comme l'explique une note de l'Institut Montaigne. La sûreté de l'IA concerne trois grands problèmes : la robustesse, l'explicabilité et la spécification des objectifs. Voyons de quoi il s'agit.

Le manque de robustesse de l'IA

La robustesse d'un système d'IA signifie qu'il fonctionnera de manière fiable même dans des situations inconnues - c'est-à-dire des situations qu'il n'aurait pas rencontrées lors de son entraînement. Mais les systèmes d'apprentissage machine se basent sur des corrélations statistiques plutôt que sur une compréhension de la réalité. Par conséquent, lorsque la réalité change et que les corrélations ne sont plus valables, le système d'IA peut réagir de manière inappropriée.

Exemple concret : Supposons qu'un système d'IA soit entraîné pour détecter des objets dans des images de chiens. Il a été alimenté avec un ensemble de données d'entraînement comprenant des images de différentes races de chiens. Le système fonctionne bien et est capable de reconnaître et de classifier correctement les différentes races de chiens dans les images fournies.

Cependant, si le système est soudainement confronté à une image d'un animal inconnu qui ressemble à un chien mais qui n'est pas une race répertoriée dans son ensemble de données d'entraînement, il peut avoir du mal à le classifier correctement. En raison de son manque de compréhension de la réalité sous-jacente de cet animal inconnu, le système d'IA peut prendre une décision incorrecte ou donner une réponse imprévisible.

Un manque de robustesse peut ainsi être une source de danger. D'autant plus que certaines cyberattaques sont explicitement conçues pour exploiter cette vulnérabilité en cherchant à duper le modèle d'IA par de légères modifications des données d'entrée. Un attaquant pourrait cibler les véhicules autonomes en utilisant des autocollants ou de la peinture et modifier la manière dont sera perçu le panneau par le modèle et faire en sorte qu'il interprète un "cédez le passage" plutôt qu'un stop, au détriment des passagers.

Ce type d'attaque porte le nom d'attaque contradictoire (ou adversarial attack en anglais).

Les deux images du panneau STOP sont similaires pour l'œil humain, mais quelques modifications invisibles à l'œil nu suffisent pour modifier la perception du modèle d'IA.

Le manque d'explicabilité de l'IA

L'explicabilité et la transparence d'un système d'IA permet à un humain de comprendre et d'analyser son fonctionnement, pour s'assurer qu'il fonctionne de la façon souhaitée. Or aujourd'hui la grande majorité des systèmes d'IA, qui utilisent de l'apprentissage machine, sont des "boîtes noires" qui fonctionnent en autonomie, sans que l'on sache réellement ni comment ni pourquoi. Les systèmes d'IA par apprentissage machine s'appuient sur des données et des méthodes de raisonnement statistiques afin d'apprendre des corrélations. Néanmoins ces corrélations ne reflètent pas nécessairement un lien de causalité.

Dans le domaine médical par exemple, plutôt que d'établir un diagnostic médical en appliquant des connaissances spécifiques du domaine et des règles préconçues, un système d'apprentissage machine va parcourir un grand nombre de cas déjà diagnostiqués afin d'établir lui-même des corrélations. C'est ainsi que

certains systèmes d'IA de diagnostic de cancer ont
"appris" à distinguer des images de tumeurs malignes
et bénignes selon la présence ou non d'une règle
graduée dans l'image. Parmi les images de tumeurs
pré-diagnostiquées qui leur ont été fournies, les images
de tumeurs malignes contenaient plus souvent une
règle graduée, présente pour mesurer la taille de la
tumeur. La corrélation entre la règle et le diagnostic
d'un cancer était en effet avérée !

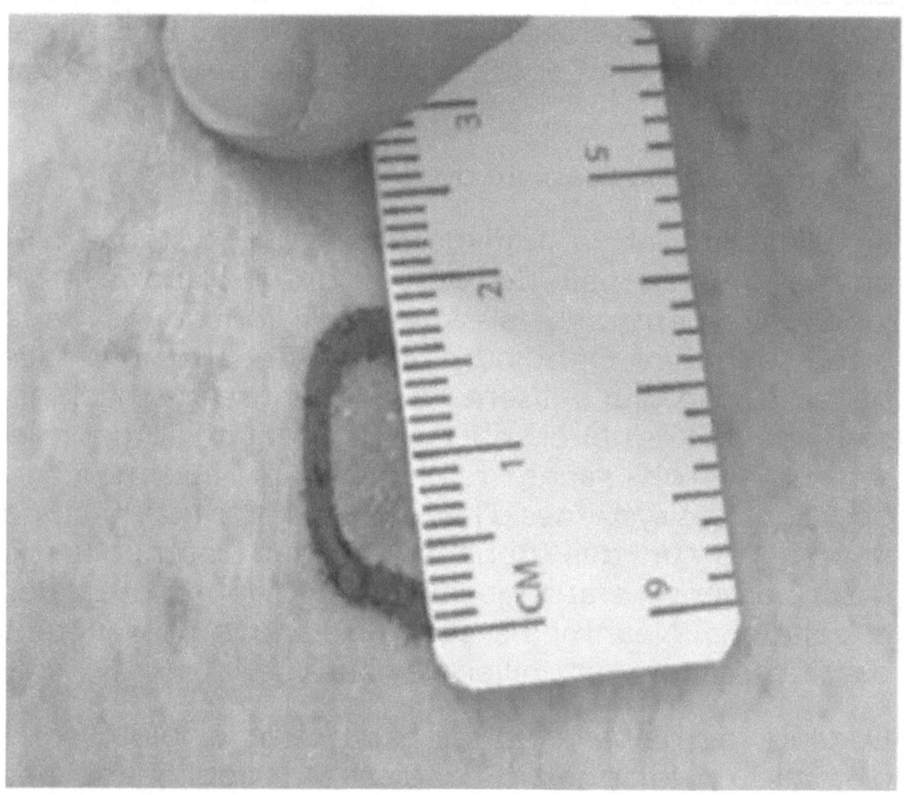

Spécifier les bons objectifs à un système d'IA

Lorsqu'un modèle interagit avec les humains, il est
amené à réaliser des actions ou à prendre des décisions

qui ont de réels effets sur le monde : il est essentiel que ses objectifs soient bien spécifiés, au risque que ses actions et décisions ne correspondent pas à nos attentes.

Or, en pratique, il est extrêmement difficile de traduire la complexité et la nuance d'objectifs humains en langage informatique, et très facile pour une machine de se méprendre sur l'intention des instructions humaines, en les appliquant à la lettre. C'est le même problème auquel fait face l'apprenti sorcier en ensorcelant des objets avec l'objectif de nettoyer sa maison, comme on l'a vu précédemment.

En spécifiant à une IA de ne pas perdre au jeu Tetris par exemple, le modèle a identifié la meilleure manière de satisfaire la consigne sans pour autant satisfaire les attentes des concepteurs : mettre le jeu en pause dès l'instant où il estime qu'il va perdre la partie. Un autre exemple moins trivial : plusieurs plateformes de vidéos sur internet tentent de proposer des vidéos "que l'utilisateur a envie de voir" en spécifiant à l'IA l'objectif de lui proposer des vidéos qu'il va ensuite regarder dans leur intégralité. Néanmoins, spécifier l'objectif à l'IA de telle sorte conduit l'algorithme à favoriser les vidéos courtes, sensationnelles, ou qui vont dans le sens d'opinions fortes de l'utilisateur. L'utilisateur a en effet plus de chance de les visionner en intégralité, mais ce n'est pas pour autant qu'il s'agit des vidéos qu'il a le plus envie de voir. Comment expliquer à une machine ce qu'on entend réellement par "des vidéos que l'utilisateur a envie de voir" ? Ce n'est pas si simple.

En résumé

- L'IA peut être utilisée à des fins malveillantes à votre encontre. Pour vous prémunir contre de fausses informations et des attaques en ligne, utilisez votre esprit critique ! Si quelque chose vous semble louche, prenez le temps de vérifier, de croiser vos sources.

- L'IA pose des questions de sûreté et ne se comporte pas toujours tel qu'on le souhaite. La sûreté de l'IA constitue un domaine de recherche important et en plein développement. La gouvernance et la réglementation sont également nécessaires pour limiter les risques de l'IA.

VI-Identifiez les enjeux d'une IA responsable et digne de confiance

Découvrez les enjeux de données

Nous l'avons vu, les géants du numérique collectent beaucoup de données. Elles sont utilisées à des fins publicitaires, mais pas seulement. Avec l'avènement de l'intelligence artificielle, elles permettent d'automatiser certaines tâches. Ainsi, des décisions sont prises non plus par des humains mais par des algorithmes.

L'utilisation de données par les algorithmes d'IA vous concernent notamment : lorsqu'il s'agit de vos données personnelles, et lorsque ces données sont biaisées. Nous allons examiner chacun des cas.

Contrôlez l'utilisation de vos données personnelles

Vous échangez des emails tout au long de la journée. Pour vous déplacer, vous ouvrez sans doute vos applications d'itinéraires préférées. Vous utilisez des services numériques au quotidien.

Majoritairement, ces services, le plus souvent gratuits, ont un revers de la médaille à ne pas négliger. Lorsque vous les utilisez, les données produites peuvent être compilées et analysées, notamment à des fins publicitaires. Votre profil est ensuite analysé au fil des utilisations pour vous proposer les publicités les mieux ciblées et les fonctionnalités correspondant aux habitudes observées.

Un adage résume ce mécanisme : "si c'est gratuit, c'est que vous êtes le produit !". Celui-ci se vérifie chez la grande majorité des géants du numérique et constitue souvent le cœur de leur modèle économique.

Comment alors m'assurer que mes données ne sont pas utilisées à des fins indésirables ?

En utilisant votre esprit critique ! Lorsque vous utilisez un service numérique, prenez un peu de temps pour identifier les données qui sont récoltées et pour comprendre comment elles peuvent être utilisées.

Par exemple, lorsqu'on vous demande d'identifier des images pour prouver que vous n'êtes pas un robot (système CAPTCHA), vous participez à entraîner des algorithmes de reconnaissance d'images. Lorsque vous acceptez que votre activité sur une page soit suivie, en consentant aux "cookies", vous permettez à des algorithmes de vous proposer des publicités ciblées en fonction de vos préférences.

Certaines pratiques vous paraîtront acceptables et d'autres non. L'important, c'est d'en être conscient !

En France, la Commission nationale de l'informatique et des libertés (CNIL) est l'autorité qui veille à la protection des données personnelles. Au niveau européen, le RGPD (le Règlement général sur la protection des données) a été mis en œuvre en 2018. Ce règlement vise à renforcer l'encadrement des organisations, publiques et privées, qui traitent des données personnelles.

Dans certains pays, on observe certaines utilisations qui peuvent poser question. C'est le cas de la Chine où on assiste à une surveillance de l'État qui analyse l'activité web de ses citoyens ainsi que leurs déplacements et comportements par reconnaissance d'images, les villes étant en majorité vidéosurveillées. Les données des citoyens et des systèmes d'IA sont utilisées pour attribuer à chaque citoyen un score en fonction de ses actions, qui lui permettra ensuite d'accéder plus ou moins facilement à des services, comme des crédits ou les transports, par exemple.

Comment garder le contrôle sur les données qui sont collectées ?

Concernant les services des géants du numérique, vous pouvez dans un premier temps consulter les informations collectées (par exemple pour Google, vous pouvez ici voir toutes vos données enregistrées) pour mieux comprendre leur nature. N'hésitez pas ensuite à modifier vos paramètres de confidentialité ! Par exemple, le pistage GPS des applications d'itinéraires, de sport ou de matching peut être désactivé. Vous pouvez également réduire leur activation en choisissant uniquement de l'activer lorsque vous utilisez les applications.

Existe-t-il des acteurs qui ne collectent pas de données ?

Oui, des acteurs comme Qwant, Firefox ou Framasoft ne collectent pas ou ne font pas usage des données personnelles.

Soyez conscient du risque de biais

Nous allons le voir, les algorithmes peuvent reproduire les biais. Les algorithmes ne sont jamais neutres, car ils s'appuient sur des bases de données d'apprentissage. Les données peuvent être biaisées par exemple en étant une représentation imparfaite du monde (tel qu'un algorithme de reconnaissance visuelle qui apprend majoritairement sur des sujets blancs), ou en imitant un monde imparfait. Ainsi, si les données contiennent des traces de discrimination, l'algorithme pourra à son tour avoir un comportement discriminatoire.

Prenons un exemple concret : celui du recrutement. Les directions des ressources humaines aujourd'hui utilisent de plus en plus de solutions d'intelligence artificielle. Par exemple, des logiciels analysent automatiquement les documents tels que les CV pour retenir les profils les plus pertinents.

Ainsi, en 2015, Amazon a mis au point un logiciel de recrutement pour analyser les candidatures à ses offres d'emploi. Amazon a réalisé que l'algorithme était en fait biaisé à l'encontre des candidatures féminines. Le système écartait de lui-même plus souvent les candidatures de femmes que celles des hommes. Et pour cause : le système avait été entraîné sur les données de l'organigramme des employés d'Amazon où 85 % des effectifs étaient masculins. Une fois cette information révélée, Amazon a décidé d'abandonner l'outil.

Bien entendu, de telles dérives ne sont pas systématiques, et de nombreux services à base d'intelligence artificielle sont tout à fait utiles. Dans le cas du recrutement, les services proposés sont souvent pertinents pour le chercheur d'emploi.

Si vous consultez par exemple des offres d'emploi, des systèmes d'IA sont mis en place pour vous présenter les offres qui correspondent le mieux à votre profil.

Le point de vigilance est que ces produits soient au service de tout le monde, qu'ils ne reproduisent pas des comportements sexistes ou racistes, par exemple. Il faut donc garder un esprit critique envers ces solutions d'IA qui nous entourent et exiger de la transparence de ces systèmes.

Des initiatives de labels (comme l'ADEL) émergent de plus en plus. Leur objectif est de fournir un label éthique aux systèmes d'IA. Il s'agit notamment de s'assurer que le projet est éthique dès sa conception. La CNIL a défini une méthode de PIA (Privacy Impact Assessment) qui vise à évaluer l'impact sur la vie privée. Aux États-Unis, l'université de Chicago a publié un programme open source pour réaliser un audit de discrimination des IA.

Découvrez les enjeux écologiques

On entend parfois dire que la donnée est le nouveau pétrole du XXIe siècle. L'intelligence artificielle carbure à ce nouvel or noir.

Mais quel est l'impact environnemental de cette industrie ?

Le numérique en tant que secteur économique, la fabrication et l'utilisation des équipements inclus, a un bilan écologique non négligeable. On estime qu'il représentait environ 3,5% des émissions mondiales de CO2 en 2015 (pour vous donner une idée de comparaison, le transport aérien en émet 2 % et les réseaux télécoms 0,5%).

Pour fonctionner, l'économie numérique repose sur tous nos périphériques digitaux (smartphones, ordinateurs, tablettes, etc.), mais aussi sur de nombreuses infrastructures qui sont moins visibles du grand public : les réseaux fixes et mobiles, les réseaux d'entreprises et les centres de données ou data centers. Ces centres abritent les serveurs qui rendent possibles Internet et ses services.

On parle souvent de "cloud computing" (informatique en nuages) pour désigner ces serveurs distants. Le cloud ("nuage") représente tous ces équipements qui fonctionnent à distance en permanence pour rendre possibles nos activités numériques.

Concrètement, dès que vous utilisez Internet ou un de ses services, vous sollicitez un serveur dans le monde qui va traiter votre demande et y apporter une réponse. Et pour cela, le serveur va consommer de l'énergie !

Et à échelle individuelle, comment limiter notre impact écologique au quotidien ?

Au quotidien, on peut œuvrer à réduire son empreinte écologique numérique. Il y a des gestes simples ; par exemple : supprimer ses vieux emails, se désabonner des newsletters inutiles ou limiter son usage des plateformes de streaming.

Le développement de l'intelligence artificielle s'ajoute tout de même à cet impact environnemental. En effet, l'intelligence artificielle demande de grandes capacités de stockage et de grandes capacités de calcul. Si les algorithmes du quotidien sont si performants, c'est notamment parce qu'ils ont été entraînés pendant des journées entières en utilisant des serveurs extrêmement puissants et très consommateurs d'énergie.

Il faut noter que des efforts sont également réalisés pour rendre les data centers de plus en plus responsables sur le plan environnemental. Leur consommation électrique est optimisée, parfois même grâce à des algorithmes d'IA. La chaleur qu'ils produisent est parfois utilisée en milieu urbain, par exemple pour chauffer des bâtiments aux alentours ou une piscine (très consommatrice d'énergie). La piscine de la Butte-aux-Cailles à Paris est ainsi chauffée par les data centers situés dans le sous-sol du bâtiment.

Bien que les algorithmes d'IA soient très énergivores, de nombreuses applications permettent d'améliorer les chaînes de production ainsi que notre consommation de ressources et d'énergie.

Limitez et prévenez les risques avec la gouvernance de l'IA

Nous l'avons vu, la recherche en sûreté de l'IA est essentielle pour tenter de résoudre les problèmes de l'explicabilité, de la robustesse et de la spécification des objectifs. La recherche sera tout aussi clé pour limiter les biais de l'IA et son impact environnemental. Mais proposer des solutions à ces problèmes techniques ne garantit pas que les acteurs qui développent l'IA s'en serviront. Pour cela, il faut s'intéresser à la gouvernance de l'IA.

S'intéresser à la gouvernance c'est réfléchir aux manières de développer, financer, encadrer, et réguler l'intelligence artificielle d'une manière qui s'accorde avec l'intérêt général.

Les entreprises ont souvent peu d'intérêt économique à investir dans la sûreté de l'IA qu'ils déploient. En particulier, les entreprises à la pointe de l'IA se font la course pour développer l'IA la plus puissante. Cette dynamique peut nuire à la bonne prise en compte des questions de sûreté, puisque le budget alloué à la sûreté est un budget qui n'est pas dédié aux activités rentables.

Dans ces conditions, les institutions jouent un rôle important pour réunir les acteurs autour de la table et favoriser la coordination, ajouter des incitations pour faire advenir des comportements positifs, ou encore, imposer de nouvelles règles aux acteurs. L'Union européenne (UE) construit actuellement une réglementation nommée AI Act qui a pour objectif de favoriser le bon développement et réduire les risques posés par l'IA. Toutes les entreprises qui utilisent de l'IA devront s'y conformer à partir de 2025. Si vous travaillez dans l'une d'elles, vous savez désormais pourquoi elle vous concerne !

En résumé

- L'IA fait usage de données. Ces données peuvent être les vôtres, ou elles peuvent être biaisées. Il faut en être conscient.

- L'IA utilise beaucoup d'énergie. L'optimisation de ses coûts écologiques est un sujet important à garder en tête pour le futur.

- La recherche ne suffit pas pour développer une IA sûre, responsable et de confiance. La gouvernance permet d'encourager, voire d'obliger, les entreprises à développer une IA sûre et au service de l'intérêt général.

VII-Évaluez l'impact de l'intelligence artificielle sur le travail

L'intelligence artificielle est une opportunité majeure pour notre société. Mais quel est son impact sur le volet de l'emploi ? Dans ce chapitre, nous vous proposons de prendre un peu de recul, d'étudier comment l'IA peut modifier notre quotidien au travail et de voir comment nous préparer au mieux pour en faire un allié plutôt qu'une menace.

L'intelligence artificielle, ultime concurrent sur le marché du travail ?

Ce n'est pas nouveau : quand des technologies de rupture apparaissent, elles induisent systématiquement des modifications sur le marché du travail. Les organisations cherchent à bénéficier de ces avancées techniques pour augmenter leur productivité et en tirer des économies. Ainsi, la machine vient assister ou remplacer les tâches d'un humain pour en augmenter sa productivité. C'est le cas de tâches très précises et routinières, comme celles des lignes de montage, où des robots industriels ont déjà remplacé les hommes, dans l'automobile par exemple.

Mais qu'est-ce que les technologies d'intelligence artificielle changent spécifiquement à la donne ?

L'intelligence artificielle ne se limite pas à une simple automatisation de tâche. Elle vise à automatiser nos capacités cognitives, telles que la perception ou la prise de décision. Ainsi, la question de son impact sur les emplois suscite encore plus d'interrogations.

Avec l'essor de l'automatisation et de l'informatisation, certains économistes ont même affirmé que le travail était amené à disparaître. C'est le cas de Jeremy Rifkin qui l'a théorisé en 1995. Ces théories ont connu un regain de popularité ces dernières années avec l'avènement de l'intelligence artificielle. Des personnalités comme Elon Musk ou Richard Branson ont ainsi évoqué l'idée d'un revenu de base "universel".

Vous vous demandez donc peut-être si votre emploi sera touché par cette transformation. Eh bien, sachez que vous n'êtes pas le seul ! En 2013, une étude de l'université d'Oxford avait fait grand bruit. Elle prédisait que près de la moitié des emplois pourraient être remplacés par l'intelligence artificielle en 10 à 20 ans. Nous pouvons déjà vous dire quelques années plus tard que la prédiction est loin d'être accomplie. Et qu'elle a même été relativisée.

D'autres études ont été publiées par la suite et leurs résultats ne sont pas aussi tranchés. En 2019 par exemple, l'OCDE analyse la propension d'automatisation des emplois. Les économistes estiment que dans les deux prochaines décennies, 14 % des emplois seront exposés à un enjeu majeur d'automatisation, tandis que 32 % des emplois pourraient être profondément transformés.

Si ces derniers chiffres sont beaucoup moins alarmants, il faut noter que nous observons d'ores et déjà une mutation des emplois existants. Dans tous les cas, gardons en tête qu'il est très difficile de faire des estimations précises. Il est tout à fait possible que l'IA ait des effets transformatifs au-delà des attentes.

Regardons ensemble en quoi l'IA modifie déjà nos métiers.

Vers de nouveaux besoins des entreprises et de nouveaux emplois

Si de nouvelles études nous rassurent sur la disparition des emplois, nous souhaitons tout de même souligner que certaines tâches d'un emploi peuvent faire l'objet d'automatisation, sans que l'emploi soit menacé en lui-même.

L'avocat, par exemple, peut s'appuyer sur un outil d'IA pour identifier rapidement l'information juridique, sans y consacrer des heures de lecture. Le comptable peut recourir à un outil d'IA capable d'interpréter automatiquement des factures pour les inscrire ensuite dans les logiciels informatiques. Le photographe peut s'appuyer sur des logiciels d'IA pour corriger automatiquement tous les clichés d'un événement. Dans tous ces exemples, l'IA ne remplace pas le professionnel mais constitue un nouvel outil de travail.

L'intelligence artificielle est aussi une source de création de nombreux emplois dans le numérique et le digital. Si le nouveau métier phare de la révolution intelligence artificielle est le Data Scientist, de nombreuses compétences doivent également être mobilisées dans les projets d'IA, comme, par exemple, la programmation informatique, le design et la recherche. Donc de nombreux emplois vont être créés dans ces secteurs, comme l'administration de bases de données, la cybersécurité, le SEO (Search Engine Optimization), etc.

Le moteur de la révolution IA, ce sont les données, on l'a vu. Et pour être exploitables, ces données doivent être minutieusement récoltées, nettoyées, ajustées. Par qui ? Le chercheur Antonio A. Casilli parle des "travailleurs du clic" à travers le monde. Souvent invisibles, à l'autre bout du monde, précarisés, ils effectuent des micro-tâches, comme par exemple annoter des photos ou des vidéos, trier des tweets, modérer le contenu de plateformes sociales, transcrire des enregistrements audio, etc.

L'enjeu de la formation continue

Que votre métier soit amené à disparaître ou qu'il soit modifié dans sa nature par l'arrivée de nouvelles technologies, vous avez la possibilité d'agir ! Et d'ailleurs, vous le faites déjà en suivant ce cours. Eh oui, comme vous vous en doutez, la clé pour les salariés d'aujourd'hui et de demain, c'est avant tout de se former tout au long de la vie. Cela passe par les politiques de formation des gouvernements, des entreprises, et les choix des individus. De plus en plus de formations sont accessibles, que ce soit en ligne (sur OpenClassrooms, par exemple), en présentiel, en entreprise, et vous pouvez dorénavant apprendre à votre rythme grâce à des modalités d'apprentissage adaptées.

En résumé

- L'évolution technologique apportée par l'IA implique une transition sur le marché du travail, avec des métiers qui disparaissent et de nouveaux qui sont créés.

- L'IA va surtout nous aider dans certaines tâches de nos métiers à être plus efficaces, plus précis ou plus rapides.

- Les êtres humains vont devoir s'adapter à ces changements technologiques et pourront s'appuyer sur la formation tout au long de la vie.

VIII-Abordez les étapes d'un projet d'intelligence artificielle

À ce stade du livre, vous connaissez dorénavant les concepts clés de l'IA. Voyons maintenant comment se déroule concrètement un projet d'intelligence artificielle.

Nous allons ici rentrer dans le vif du sujet, avec des termes techniques et scientifiques. Pas de panique ! Prenez le temps de lire les chapitres qui suivent, de revisionner les vidéos si vous en ressentez le besoin ou bien de prendre des notes. Vous retrouverez, comme pour les chapitres précédents, les informations clés à retenir en fin de page.

Pour mieux comprendre la réalisation d'un tel projet, nous vous proposons de vous mettre dans la peau d'un ou d'une chef(fe) de projet IA d'un grand site industriel automobile.

Votre objectif : optimiser la consommation énergétique de l'usine pour réduire ses coûts. Après les analyses poussées d'un groupe de recherche sur le projet, plusieurs solutions sont apparues pour résoudre ce challenge énergétique. L'une d'entre elles est d'utiliser l'IA pour anticiper les consommations énergétiques futures.

Voici les principales étapes du projet que vous pourriez mettre en place :

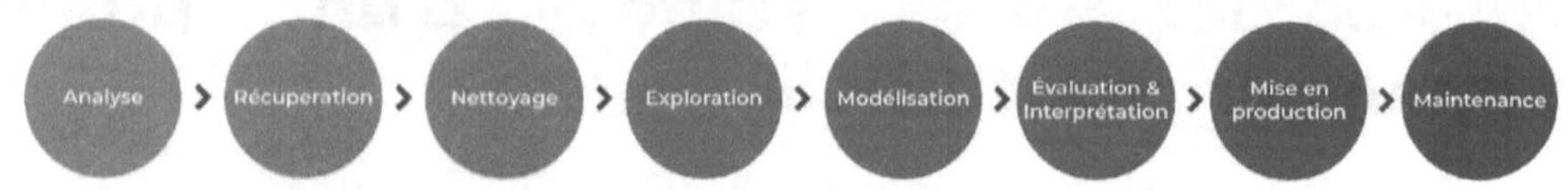

Les différentes étapes d'un projet IA

Constituez l'équipe de votre projet d'intelligence artificielle

Pour réaliser un tel projet, il vous faut rassembler différents acteurs :

- les experts métiers : des spécialistes du secteur (dans notre cas, experts industriels) dont la connaissance sera cruciale pour développer une solution pertinente ;

- les profils liés aux projets numériques, notamment un architecte logiciel et des développeurs ;

- les spécialiste de l'IA : un expert IA (profil senior), des Data Scientists (professionnels des données et de l'IA) ;

- les acteurs de gouvernance : un DPO (Délégué à la Protection des Données), un représentant du service juridique (pour la gestion légale des données), et dans notre cas, une personne RSE (Responsabilité Sociétale des Entreprises) pour les objectifs écologiques à atteindre.

Cadrez votre projet d'intelligence artificielle

Une fois l'équipe projet montée, une gouvernance adaptée et une gestion de projet efficace sont essentielles. Spécifiquement pour l'IA, quelques éléments sont particulièrement importants :

- un cadrage business approprié qui est en fait la définition du cas d'usage/ROI (Return On Investment ou retour sur investissement en français) : quoi, pour qui, pour quoi ? Quel budget ?

- une définition des objectifs visés : normes, objectifs RSE (Responsabilité Sociétale des Entreprises), modèle économique de la solution...

- une évaluation de l'impact : éthique, social, sécurité des personnes.

- la gouvernance des données : quelles données, accessibles par qui, comment, quels droits d'utilisation... ?

- le design de la solution : quelle architecture ? Quel niveau de sécurité des données ?

- l'industrialisation de la solution : monitoring des résultats, gestion des utilisateurs, communication, change management...

Récupérez des données

Votre projet voit le jour à condition d'avoir des données pertinentes ! Dans cette étape, vous allez devoir collecter le plus de données possible.

Les données sont comme le carburant d'un projet de Data Science. Sans données, impossible d'assurer le succès de notre projet !

Votre objectif ici, c'est de travailler sur la consommation électrique d'un site industriel. Vous pourrez donc récupérer tous les historiques de données liés à la consommation d'électricité. Par exemple, il sera intéressant de récupérer la quantité d'électricité consommée au fil des semaines et des mois.

Pour comprendre de quoi est composée cette consommation d'électricité, vous allez pouvoir obtenir des données auprès des machines utilisées pour la production (leurs données de consommation énergétique et leur durée d'utilisation par jour). De plus, votre usine est équipée de nombreux capteurs. Ces petits boîtiers, positionnés dans de multiples endroits du site, mesurent et enregistrent en permanence des informations telles que le nombre d'entrées dans l'usine, la température des différentes salles, l'utilisation des ascenseurs, etc.

À ce stade, vous chercherez à collecter le plus de données possibles, même si vous n'êtes pas sûr de les utiliser par la suite pour mieux comprendre la consommation d'énergie de l'usine.

Vous pourrez enfin récolter des données plus générales, comme par exemple la météo locale pour chaque jour. Vous pourrez vous intéresser à des données telles que l'ensoleillement, les précipitations, le vent, les températures, etc. Ces données peuvent sûrement impacter votre consommation d'énergie. Votre équipe aura l'occasion de le vérifier par la suite.

Finalement, vous vous en rendez compte, vous êtes en mesure de récolter de très nombreuses données. À l'ère du Big Data, les coûts de stockage sont relativement faibles. Les sites industriels et les bâtiments modernes sont de plus en plus équipés de capteurs. On parle souvent d'Internet des objets pour faire référence à ces objets qui sont installés dans nos environnements et captent des données en continu.

Nettoyez vos données

Vous et votre équipe avez collecté de nombreuses données. Avant de pouvoir les exploiter, vous devez vous assurer que ces données sont bien fiables.

Voici deux exemples typiques de contrôle :

- regarder s'il y a des données manquantes. En effet, il est très probable que vos données ne soient pas exhaustives.

Par exemple, à la suite d'une panne informatique, certains capteurs ont été défaillants dans l'enregistrement des données de consommation.

- vous assurer qu'il n'y a pas de données aberrantes.

Par exemple, en observant les données de température, on observe pour une journée des températures très élevées qui ne peuvent pas être celles réellement observées. Il peut s'agir d'une anomalie informatique ponctuelle.

Dans ces deux cas, les données concernées ne sont pas satisfaisantes. Le Data Scientist de votre équipe peut par exemple choisir de remplacer les données manquantes ou erronées au moyen d'outils statistiques. On parle ici d'imputation statistique.

À l'issue de cette étape, vous avez donc des données de qualité à votre disposition. Passons à l'étape suivante.

Explorez vos données

Vous pouvez maintenant observer vos données sous toutes leurs facettes. On parle ici d'exploration de données ou de fouille de données (en anglais, on parle de Data Mining).

Pour cette étape, le Data Scientist de votre équipe travaille avec des experts métiers et des experts des sources de données afin de mieux comprendre les données.

L'idée est de comprendre le phénomène de consommation d'énergie. Les données vous aideront à répondre à des questions telles que :

- quelle est la consommation moyenne par jour, par semaine, par mois ?

- quand est-ce que nous consommons le plus d'énergie ?

L'exploration des données permet aussi de vérifier vos hypothèses ou intuitions. Par exemple, l'équipe a l'intuition suivante : plus il y a d'effectifs présents le lundi, plus la consommation d'énergie est élevée pour toute la semaine. Cette hypothèse pourra être validée ou contredite par le croisement de données.

Dans cette étape, la visualisation des données, ou Data Visualisation en anglais, est souvent utilisée. Il s'agit de méthodes et d'outils visant à reproduire les données de façon graphique et interactive. Pour vous donner une idée, vous pouvez voir à quoi cela ressemble sur ce site, une galerie de visualisations.

Modélisez vos données

Vous y voici, vous allez enfin pouvoir utiliser des outils d'IA !

Ici, votre objectif est d'anticiper au mieux la future consommation d'électricité dans l'usine.

Pour procéder, vous allez utiliser le Machine Learning, que vous découvrirez plus en détail dans le chapitre suivant. Concrètement, vous allez modéliser la consommation d'électricité en fonction de toutes les variables dont vous disposez.

Un modèle, c'est une représentation mathématique d'un problème donné.

Prenons un exemple pour mieux se représenter la chose. Imaginons que la température ait un impact sur la consommation d'énergie. S'il fait froid, vous aurez tendance à consommer plus d'énergie pour chauffer les bâtiments. À l'inverse, s'il fait chaud, votre consommation d'électricité sera plus réduite.

Et tout cela, vous pouvez le rédiger en formules mathématiques. Ainsi, votre modèle peut anticiper les consommations d'énergie futures en utilisant les prévisions de la météo locale.

Dans cet exemple, le modèle se base uniquement sur les données météorologiques. Dans votre modèle final, vous utiliserez plus de variables, telles que la date ou la consommation des jours précédents.

Pour modéliser vos données, vous allez passer par deux phases :

- la première phase est l'apprentissage, dans lequel vous allez entraîner votre modèle avec des exemples. Dans cette phase, vous fournirez au système des données météorologiques et de consommation d'électricité des périodes passées ;

- la deuxième phase est la prédiction : votre système est prêt et vous pouvez l'utiliser pour prédire les consommations d'énergie futures.

Vous en découvrirez plus sur ces étapes d'apprentissage et de prédiction dans le chapitre suivant.

Évaluez et interprétez vos données

Vous venez de mettre en place un premier modèle qui vous permet de prédire la consommation d'électricité dans le futur.

Mais comment est-ce que je sais si ce modèle est fiable ?

Vous devez évaluer ce modèle, c'est-à-dire confirmer qu'il est pertinent et fournit des prévisions de qualité.

Pour ce faire, vous allez le tester. Vous allez essayer de prédire la consommation électrique sur une période sur laquelle vous n'aurez pas entraîné votre système d'IA. Par exemple, cela peut être le dernier mois. Sur cette période, vous utiliserez le système d'IA pour prédire les consommations.

Vous disposez déjà des résultats. L'objectif est donc ici de vérifier la fiabilité des prédictions du modèle construit.

Mettez votre système en production

Ça y est, votre système d'intelligence artificielle est prêt à être mis en place. Il va permettre à l'usine de piloter au mieux sa consommation d'énergie. À la clé, l'usine espère réaliser des économies d'énergie.

Pour s'en assurer, votre équipe projet fera le point après une période de test. Le système d'IA est-il pertinent ? En particulier, amène-t-il une plus-value business ?

Un tel système d'IA, une fois mis en route, doit faire l'objet d'un suivi. Vous devez vous assurer quotidiennement qu'il produit des résultats pertinents. De temps en temps, vous devez réaliser une maintenance du système. C'est l'occasion de réajuster ses paramètres pour s'assurer qu'il fournit des résultats toujours pertinents.

En résumé

- Un projet d'intelligence artificielle implique de nombreux acteurs spécialistes de l'IA et non-spécialistes (experts fonctionnels par exemple). C'est donc l'opportunité pour chacun d'entre nous, au sein de notre domaine d'activité, de participer à la création de solutions IA positives et performantes.

- Il se compose de différentes étapes : analyse, récupération, nettoyage, exploration et modélisation des données, évaluation et interprétation du modèle établi, mise en production et maintenance.

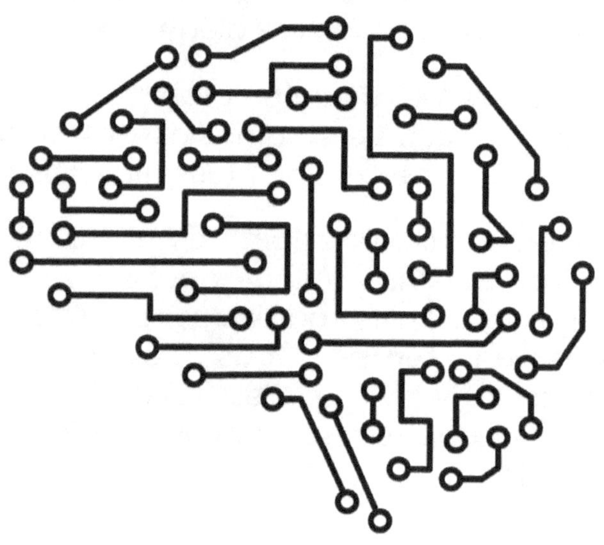

IX-Initiez-vous au Machine Learning

L'essor remarquable de l'intelligence artificielle est notamment lié aux progrès de l'une de ses composantes : l'apprentissage automatique, ou Machine Learning en anglais.

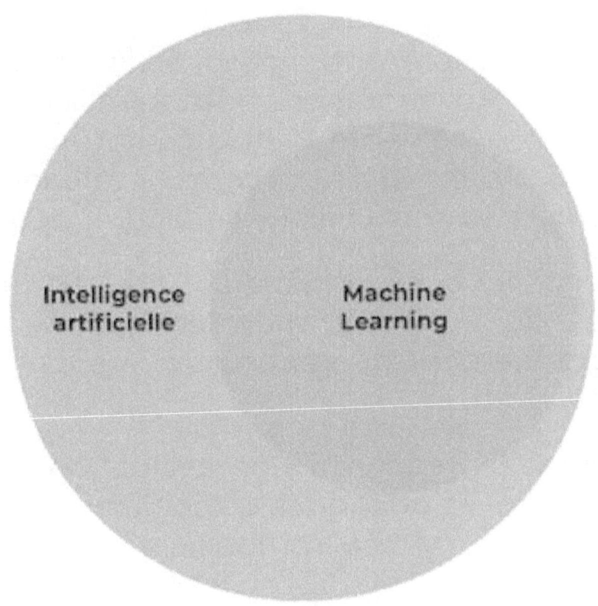

Le Machine Learning est une sous-discipline de l'IA

L'apprentissage automatique nous permet de construire des systèmes informatiques qui apprennent tout seuls à partir des données qu'ils utilisent. Encore mieux : ils sont capables d'améliorer leur performance au cours du temps, en s'enrichissant de nouvelles données.

Ça a l'air fascinant et même un peu magique, présenté comme ça ; décryptons cela ensemble !

Découvrez le principe du modèle

Une fois que le problème est défini, le programme d'apprentissage automatique va avoir besoin d'un modèle sur lequel s'appuyer.

Un modèle est une représentation mathématique d'un problème donné.

Pour mieux comprendre, prenons un problème que pourrait rencontrer un agent immobilier : faire estimer un bien au prix de vente le plus conforme au marché immobilier. Pour réaliser cette évaluation, notre professionnel de l'immobilier va effectuer deux étapes :

1. il recueille des données sur les caractéristiques clés du bien immobilier (par exemple : l'emplacement géographique, la superficie, l'état général, etc.) ;

2. il procède ensuite à une évaluation fondée sur des données publiques disponibles, ainsi que sur sa propre expertise immobilière.

Au fil du temps, il va pouvoir développer sa connaissance du marché qu'il cible. Ainsi, l'agent, fort de toutes ses connaissances immobilières et des données disponibles, va devenir de plus en plus apte à fournir une évaluation de bien. On pourrait dire qu'il a développé un modèle d'évaluation des prix.

Réfléchissez à toutes ces compétences que vous avez développées et pour lesquelles vous avez acquis votre propre compréhension. Vous êtes peut-être un excellent pâtissier, un as du poker ou un pro du basket ? On peut considérer que vous avez construit votre propre modèle dans le domaine en question. Que ce soit sur les proportions de sucre et de farine, les stratégies de cartes ou les tirs en suspension, vous avez affiné vos compétences pour devenir particulièrement bon dans votre domaine. Il s'agit d'une représentation de votre expertise qui vous est propre.

Mais revenons à notre agent immobilier : grâce à son modèle, il pourrait construire son propre logiciel d'estimation de prix. Il devrait pour cela faire le point sur toutes les règles de calcul qu'il utilise dans son métier. Elles sont très nombreuses et parfois pas complètement explicites. À l'issue de ce travail, l'agent aurait suffisamment de documentation pour construire son propre logiciel d'estimation de prix.

Les modèles ne sont pas nouveaux. Historiquement, pour chaque problème à résoudre, on mettait nos connaissances sur le papier, puis on construisait un programme composé de très nombreuses règles.

Quel est le problème alors ? Cette méthode permet difficilement de résoudre des problèmes très complexes. Si on reprend notre exemple, la connaissance de notre agent immobilier est généralement limitée au quartier dans lequel il intervient.

Mais comment faire quand on cherche à étudier l'estimation immobilière de toute une ville ou de tout un pays ?

Bonne question ! Et oui, on ne peut pas demander à tous les agents immobiliers de se retrouver pour former un modèle basé sur toutes leurs expériences individuelles.

C'est ainsi que l'apprentissage automatique est apparu comme une opportunité majeure ! Il s'agit dorénavant de créer un programme capable de collecter toutes les données disponibles pour un problème donné, et d'apprendre lui-même à partir de ces données pour construire son propre modèle.

Découvrons justement comment les programmes d'apprentissage automatique peuvent apprendre !

Découvrez les différentes manières d'apprendre d'un programme

Dans apprentissage automatique, le terme "apprentissage" peut poser question.

Qu'est-ce que cela signifie, pour un algorithme, d'apprendre ?

Un algorithme, si vous vous rappelez bien, c'est une suite d'instructions qui permet d'aboutir à un résultat donné. Ici, nous avons affaire à un algorithme bien particulier. Son objectif est de transformer nos données en modèle.

Ce qu'on appelle l'apprentissage (ou entraînement), c'est l'étape qui nous permet de construire notre modèle. Nous fournissons à l'algorithme de nombreux exemples à analyser pour qu'il puisse apprendre par l'expérience. Et il a plusieurs manières d'utiliser ces exemples pour apprendre ; regardons cela en détail !

Méthode 1 : l'apprentissage supervisé

Le premier type d'apprentissage est l'apprentissage supervisé.

Nous souhaitons par exemple que l'algorithme apprenne à estimer le prix d'une maison. Nous allons lui fournir de nombreux exemples de ventes de maisons, en lui donnant les caractéristiques de chaque maison ainsi que son prix de vente.

Pour chaque exemple, nous avons donc :

- les caractéristiques : c'est selon ces caractéristiques que nous souhaitons estimer le prix de n'importe quelle maison, une fois le système entraîné.

C'est par exemple la surface, le nombre de chambres, la présence d'un balcon, etc. ;

- les étiquettes : c'est la cible que nous souhaitons prédire. Lors de l'entraînement, l'algorithme a accès à cette information. Mais une fois le système prêt, l'objectif est bien entendu de le prédire à partir des caractéristiques d'une nouvelle maison.

Ici, ce sera le prix de la maison.

Au départ, lorsque l'algorithme considère les premiers exemples, il produira des réponses qui ne seront a priori pas très pertinentes. Puis, au fur et à mesure qu'il intégrera de nouveaux cas dans sa phase d'apprentissage, il s'adaptera, se transformera, jusqu'à devenir prêt à estimer le prix de maisons qu'il n'a jamais observées.

Nous n'entrons pas dans les détails techniques de l'apprentissage. L'expert doit notamment choisir un algorithme de Machine Learning (par exemple : réseau de neurones, forêt aléatoire...). Cela étant, gardons à l'esprit que, pour que l'algorithme apprenne, il doit être encadré par cet expert des données. Celui-ci doit notamment lui fournir des données de qualité, paramétrer l'algorithme et s'assurer que le système ne présente pas de dérives dans l'apprentissage.

Méthode 2 : l'apprentissage non supervisé

Dans l'apprentissage supervisé vu précédemment, l'algorithme a accès à l'étiquette, donc à ce que l'on souhaite prédire (dans notre exemple, le prix).

Parfois, nous souhaitons demander à l'algorithme de construire un modèle sans lui fournir d'étiquettes. C'est là qu'est utilisé l'apprentissage non supervisé. Ici, pas d'étiquettes : on ne sait pas à l'avance ce que l'on va trouver.

Par exemple, nous pourrions lui fournir une liste de maisons. Puis, lui demander de faire 3 groupes de maisons, sans aucune supervision de notre part.

Une fois les trois groupes formalisés, il est nécessaire que des experts trouvent le nom des étiquettes, car si les groupes sont formés, ils ne sont pas nommés par l'algorithme.

Par exemple, on pourrait aboutir aux 3 types de zones géographiques : les zones résidentielles, étudiantes ou commerciales. Ainsi, un agent pourra projeter sa bonne connaissance d'un quartier vers une autre zone pour laquelle il n'y a pas d'experts, mais qui lui est similaire.

Méthode 3 : l'apprentissage par essai/erreur

En apprentissage par essai/erreur, aussi appelé apprentissage par renforcement, on parle d'un "agent" (l'algorithme) qui interagit avec un "environnement" (l'ensemble des "caractéristiques"). Les données d'apprentissage de l'algorithme viennent alors directement de l'environnement. Son objectif est de trouver par tâtonnements successifs (essai ou erreur) la solution optimale à un problème donné. On dit que cet algorithme est auto-adaptatif : il est en apprentissage constant.

L'algorithme fait parfois des millions d'essais avant de devenir un as dans une discipline. Ainsi, son entraînement peut s'avérer très long.

Ce type d'algorithme est notamment utilisé pour gagner à des jeux. C'est ainsi qu'on a pu battre les meilleurs joueurs de Go, par exemple.

Prenons un exemple d'application dans l'architecture. L'idée est de confier à un algorithme la conception du plan d'un immeuble. Pour ce faire, on lui précise toutes les contraintes à prendre en compte, ainsi que les objectifs à optimiser. Par exemple : on souhaite avoir 3 salles de réunion, chacune d'une certaine dimension, avec un certain nombre de fenêtres, et idéalement à proximité les unes des autres. On va ici définir tous les paramètres nécessaires et les contraintes. Ensuite, l'algorithme va chercher le plan idéal par tâtonnements.

Découvrez la phase de prédiction

Pendant la phase d'apprentissage, le programme utilise des données existantes, déjà connues. Une fois qu'il a appris et qu'il est bien entraîné (en utilisant l'une des trois méthodes), il peut dès lors être utilisé pour de la prédiction.

1. Méthode supervisée : en rentrant de nouvelles caractéristiques, l'algorithme va pouvoir nous estimer le prix d'un bien.

2. Méthode non supervisée : on peut identifier une nouvelle zone géographique, on regarde à quelle zone connue elle ressemble et on lui applique les mêmes règles.

3. En essai/erreur : l'algorithme ne prédit pas, il réessaye.

En résumé

- Un modèle est une représentation mathématique qui permet de modéliser des règles par rapport aux données.

- La modélisation des données se compose de deux phases : l'apprentissage et la prédiction.

- Il existe trois façons d'apprendre pour un programme d'IA : l'apprentissage supervisé, non supervisé et essai/erreur.

X-Appréhendez le Deep Learning

Ces dernières années, l'intelligence artificielle (IA) a fait l'objet d'un engouement médiatique intense. Et il y a un sous-domaine de l'IA qui a particulièrement fait parler de lui : l'apprentissage profond, ou Deep Learning en anglais.

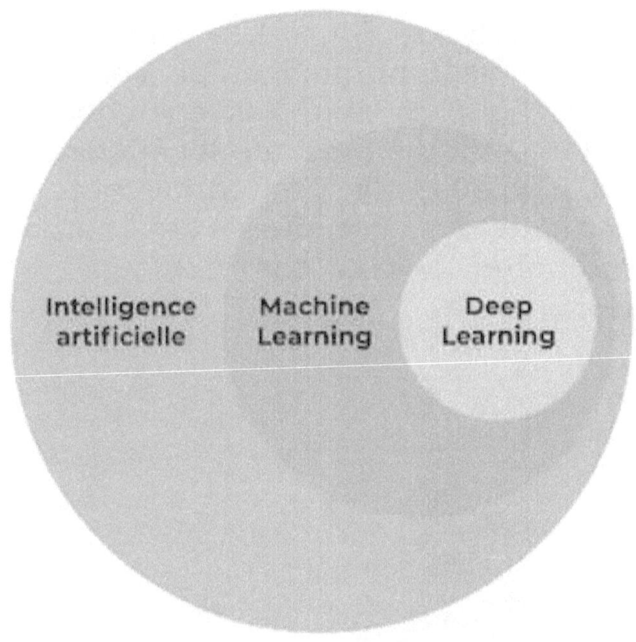

Le Deep Learning est une sous-discipline du Machine Learning

Mais qu'est-ce que c'est, au juste ?

Le Deep Learning, c'est un réseau de neurones artificiels convolutifs. Cette dernière phrase vous semble être écrite dans une langue étrangère ? Pas de panique, décryptons tout cela ensemble !

Vous allez d'abord découvrir ce qu'on qualifie de "réseau de neurones artificiels" et nous nous attaquerons ensuite à la convolution. Une fois ces deux éléments clarifiés, vous pourrez plus facilement comprendre le Deep Learning ! Vous êtes prêt ?

Découvrez l'ambition initiale du réseau de neurones artificiels : s'inspirer du cerveau humain

Depuis les débuts de l'IA, il y a cette ambition de reproduire le cerveau humain, ou plus précisément de s'en inspirer. Pour ce faire, les chercheurs se sont d'abord intéressés de près au fonctionnement des cerveaux biologiques. Ils ont étudié notamment le fonctionnement des neurones. Ces neurones, qui composent notre cerveau, communiquent entre eux grâce à des synapses.

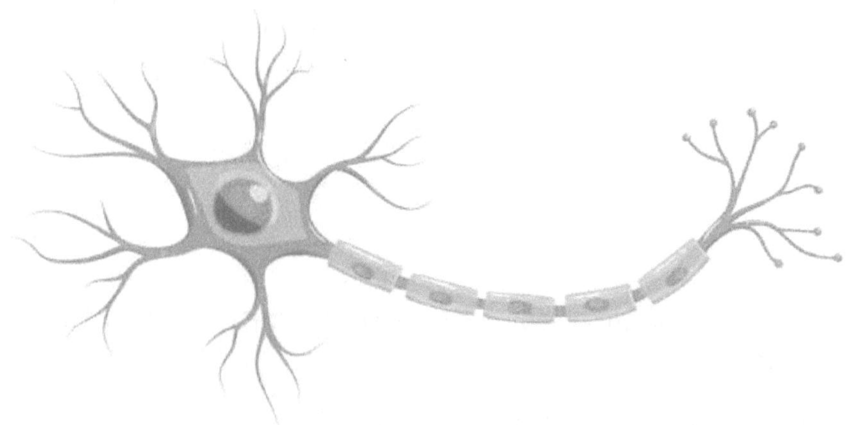

Représentation d'un neurone : une inspiration

On a donc créé des algorithmes qui reprennent cette architecture neuronale. Bien sûr, les neurones sont ici une inspiration, qu'on a ensuite adaptée à l'intelligence artificielle.

Le réseau de neurones artificiels n'est pas une reproduction du cerveau humain, son architecture en est seulement inspirée.

Passons à la suite pour voir à quoi cela ressemble !

Découvrez le réseau de neurones artificiels

Pour mieux comprendre, prenons ensemble un exemple concret dans le domaine de la reconnaissance d'image. Nous allons nous pencher sur le tri de photos. Nos photos numériques ont tendance à s'accumuler, et les trier peut devenir un vrai travail. Dans cet exemple, comme nous l'avons fait pour les chats et les chiens dans la vidéo, nous allons construire un programme d'intelligence artificielle pour effectuer ce tri à notre place. Sa mission : étiqueter, pour chaque photo, le ou les sujets présents avec leur(s) nom(s).

Dans un premier temps, nous allons nous limiter à de simples portraits d'une personne, avec des photos très bien cadrées.

Nous souhaitons entraîner notre intelligence artificielle à identifier les membres de notre famille sur des clichés. Pour ce faire, nous rassemblons une série de clichés pour chaque individu.

Quelques photos de notre famille

Et pour pouvoir analyser nos photos de famille, on va utiliser le réseau de neurones artificiels !

On peut se représenter le réseau de neurones artificiels comme une boîte avec :

- une entrée : les données fournies (une photo) ;

- une sortie : le résultat attendu (le prénom du sujet présent sur la photo), et

- entre les deux : un réseau neuronal, autrement dit des couches successives de neurones artificiels.

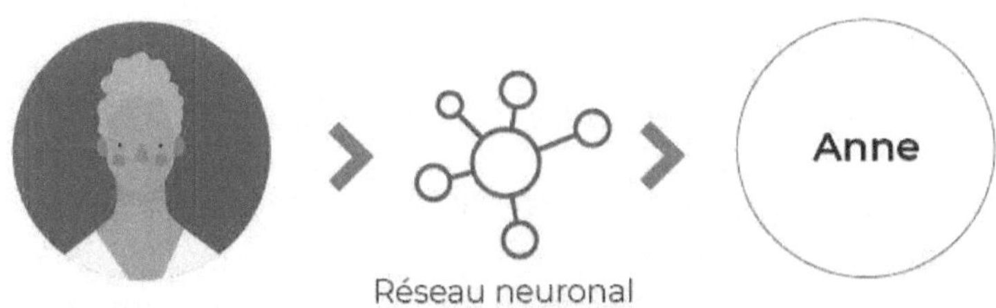

Alors, apprentissage supervisé ou non supervisé, ici ?

Le Deep Learning peut être utilisé pour de l'apprentissage supervisé comme pour de l'apprentissage non supervisé. Ici, nous sommes dans un problème typique d'apprentissage supervisé. Nous souhaitons entraîner un algorithme à partir d'exemples annotés.

Que se passe-t-il dans ce réseau de neurones ? Et comment l'apprentissage fonctionne-t-il ?

Notre réseau est composé de nombreux neurones, qui sont groupés en plusieurs couches de neurones. Je vous propose d'en détailler trois types : la couche d'entrée, les couches intermédiaires et la couche de sortie.

La couche d'entrée

C'est elle qui reçoit l'information de notre image. Notre cliché est composé de millions de points appelés pixels. Chaque pixel alimente un neurone de la couche d'entrée.

Ainsi, si notre image comporte 1 million de pixels, la première couche sera composée d'1 million de neurones.

Les couches intermédiaires

Les couches intermédiaires peuvent être nombreuses (de quelques dizaines à plusieurs centaines). Les neurones d'une couche sont connectés aux neurones de la couche suivante. Les neurones d'une couche interagissent avec ceux de la couche suivante en réalisant des opérations mathématiques élémentaires comme l'addition, la soustraction, la multiplication et la division.

En fonction du résultat des opérations mathématiques, chaque neurone sera activé ou non. En réalité, on utilise ici une fonction mathématique appelée "fonction d'activation". Elle prend en entrée les données de la couche précédente et renvoie 1 (activation du neurone) ou 0 (non-activation).

La couche de sortie

La dernière couche porte le résultat final.

Dans notre exemple, il s'agit du nom de la personne présente sur le portrait.

Ces trois types de couche nous donnent schématiquement quelque chose comme ça :

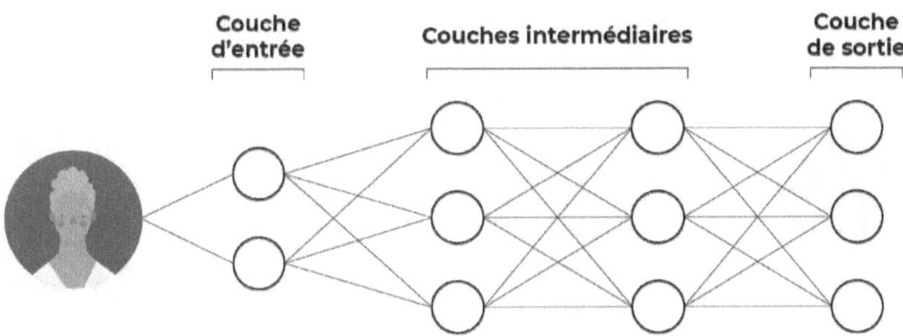

Une version simplifiée d'un réseau de neurones.

Nos images ont en général plusieurs millions de pixels. Il faut ainsi imaginer que notre couche d'entrée contient en réalité des millions de neurones. Concernant les couches intermédiaires, nous en aurons des dizaines, voire des centaines (composées chacune de très nombreux neurones). Enfin, la couche de sortie est composée des différents résultats possibles.

OK, on a construit un réseau de neurones qui prend des images en entrée et nous donne une réponse en sortie. Mais comment fait-il pour apprendre ?

Pour apprendre, l'algorithme doit s'entraîner, en prenant chaque photo et en la faisant passer par ses différentes couches de neurones jusqu'à obtenir un résultat. Au début, il va répondre au hasard, car il n'a aucune expérience !

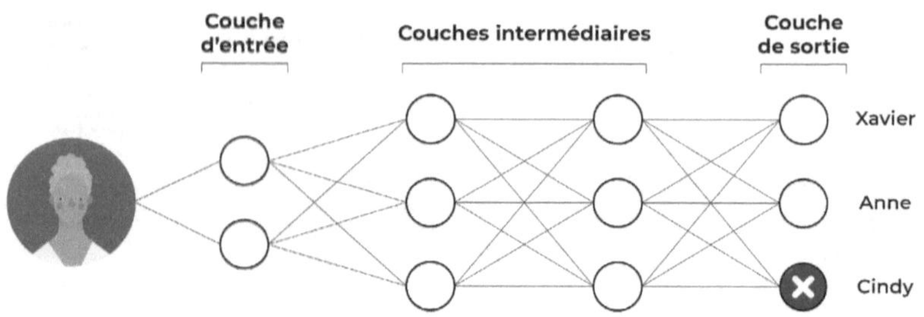

Dans cette image, nous avons initié l'entraînement de notre réseau de neurones. Et pour sa première image, il s'est trompé ! Il n'a pas étiqueté le sujet correctement.

Et puis, au fur et à mesure, le réseau modifie la façon dont les neurones se transmettent l'information, pour faire en sorte de catégoriser correctement l'image. Ainsi, le réseau de neurones fait passer une à une toutes les images. Et à chaque fois que c'est nécessaire, il fait des ajustements, pour les annoter correctement.

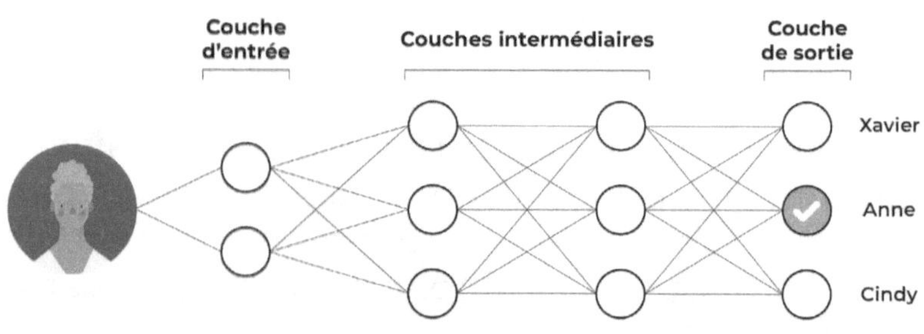

Une fois entraîné, le programme associe le bon résultat à l'image

Découvrez le principe de convolution

Nous avons fini l'entraînement de notre réseau de neurones. Et bonne nouvelle, il s'avère très efficace pour trier nos différents portraits !

Par contre, il présente une limite. Eh oui, Il ne peut catégoriser que les clichés contenant des portraits qui sont parfaitement centrés. Si nous lui fournissons des clichés où les portraits ne sont pas bien centrés, ses performances sont moindres. Pire, si nous lui donnons une photo de groupe, il ne pourra pas étiqueter plusieurs personnes car il n'a pas été entraîné pour ce besoin !

Nous avons besoin de muscler notre outil pour lui permettre d'étiqueter plusieurs sujets sur une même image.

Cette fois-ci, nous souhaitons pouvoir identifier les différents individus qui composent une image.

Pour cela, nous allons utiliser un réseau de neurones particulier appelé réseau de neurones convolutifs (en anglais : convolutional neural networks, souvent abrégé en CNN).

La convolution n'est rien d'autre qu'un filtrage de notre image. Plutôt que de traiter l'image en un bloc, nous allons la diviser en différents carrés que nous allons analyser séparément.

Ainsi, nous allons nous déplacer progressivement sur les différentes zones de l'image, en effectuant ce qu'on appelle des pas.

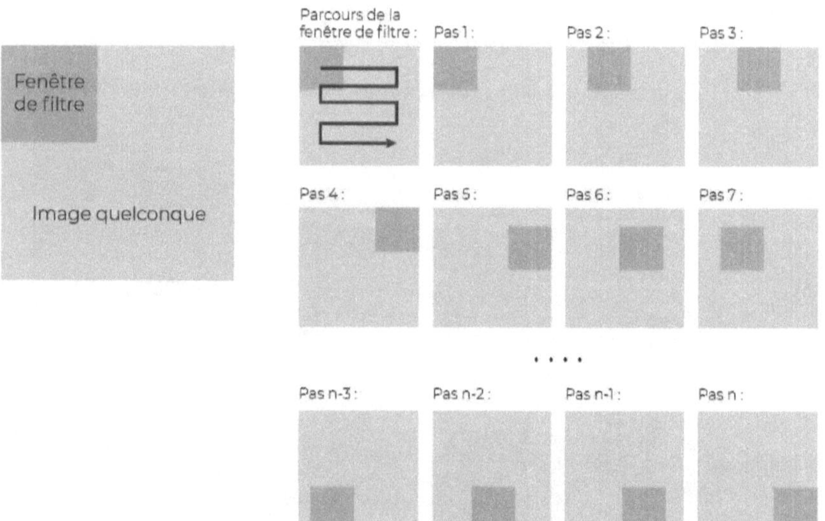

Le principe de convolution

C'est un chercheur français, Yann LeCun, qui a été l'un des pionniers de ce champ de recherche dès les années 1980.

Le Deep Learning : réseau de neurones artificiels et convolution

En alliant les réseaux de neurones artificiels et la convolution, les scientifiques ont mis en place l'apprentissage profond, ou Deep Learning.

Et qu'est-ce qui le différencie et le rend si populaire ?

Ses résultats et ses capacités futures ! Un des éléments clés qui différencie le Deep Learning est sa capacité à exploiter de très grands gisements de données. Plus ces réseaux de neurones possèdent de données, plus ils arrivent à s'améliorer. Par exemple, certains systèmes de reconnaissance d'image s'entraînent sur la base de dizaines de millions de clichés photos.

L'exploitation de ces volumes de données considérables posent de nouvelles difficultés. Il faut construire des systèmes informatiques qui sont suffisamment robustes pour pouvoir stocker et traiter ces montagnes de données. Il faut donc noter que les moyens mis en œuvre actuellement pour ce type de projet nécessitent beaucoup de ressources informatiques et sont très gourmands en électricité.

En résumé

- L'apprentissage profond (ou Deep Learning) est un sous-domaine particulièrement puissant du Machine Learning.

- Cette discipline repose notamment sur la construction de systèmes inspirés de nos cerveaux, comportant des réseaux de neurones artificiels.

- Elle utilise également le principe de convolution, qui permet d'analyser une image pas à pas avec une fenêtre de filtre et donc d'être plus performant.

XI-Appréhendez les modèles d'IA "à usage général"

Les modèles d'IA à usage général sont des IA capables de réaliser un très grand nombre de tâches différentes. Ils ont donc un usage "général", plutôt qu'un usage unique et spécifique (identifier des images de chien par exemple).

Ces modèles d'IA, complexes et coûteux à développer, sont parfois appelés "modèles fondationnels" du fait de leur capacité à être réutilisés et adaptés par différents acteurs par la suite pour des cas d'usages dans un domaine précis. Des entreprises ou utilisateurs peuvent ainsi soumettre de nouvelles données d'apprentissage au modèle d'IA préexistant afin d'optimiser sa performance dans un domaine précis, par exemple ses réponses à des questions médicales ou juridiques (une technique dénommée "fine tuning"). Un peu comme un fournisseur qui vend son shampoing en marque blanche à une entreprise de cosmétique, qui y appose ensuite son étiquette pour cibler une clientèle spécifique.

Les modèles d'IA à usage général sont des IA capables de réaliser un très grand nombre de tâches différentes. On les appelle aussi les modèles "fondationnels".

Les chercheurs font souvent la distinction entre l'IA étroite (ANI : Artificial Narrow Intelligence) et l'IA générale (AGI : Artificial General Intelligence).

L'IA étroite est très performante sur une tâche précise, mais incapable d'effectuer d'autres tâches qui nous paraissent pourtant dérisoires. Pendant longtemps, nous n'étions capables que de développer des IA étroites. L'IA qui a battu le meilleur joueur d'échecs au monde date par exemple des années 1990, mais elle était incapable de battre des humains dans d'autres jeux, comme le Go, et encore moins de faire des tâches radicalement différentes comme répondre à des questions ou manipuler des objets.

À l'inverse, l'intelligence artificielle générale (AGI) pourrait accomplir un spectre beaucoup plus large de tâches aussi bien qu'un humain, voire mieux : dialoguer, planifier, programmer des machines, manipuler des objets, etc. Depuis quelques années, les laboratoires à la pointe de l'IA développent des IA de plus en plus générales. Des systèmes d'IA de traitement du langage naturel, comme le chatbot ChatGPT d'OpenAI, peuvent désormais passer des tests standardisés en maths et en médecine, coder des sites web et écrire votre lettre de motivation. Bien que les experts de l'IA ne s'accordent pas sur le fait qu'une IA générale puisse devenir aussi intelligente que les humains dans tous les domaines, la possibilité de systèmes d'IA plus performants que les humains sur de nombreuses tâches doit tous nous faire réfléchir à une société dans laquelle nous ne serions plus les plus intelligents, et anticiper les éventuels bouleversements et dangers.

Découvrez un exemple d'IA à usage général : l'IA générative

Aujourd'hui, certaines IA sont capables d'effectuer un grand nombre de tâches liées à la génération de contenu. Ces IA sont appelées IA génératives, à l'instar de ChatGPT, un chatbot qui permet de communiquer avec la machine.

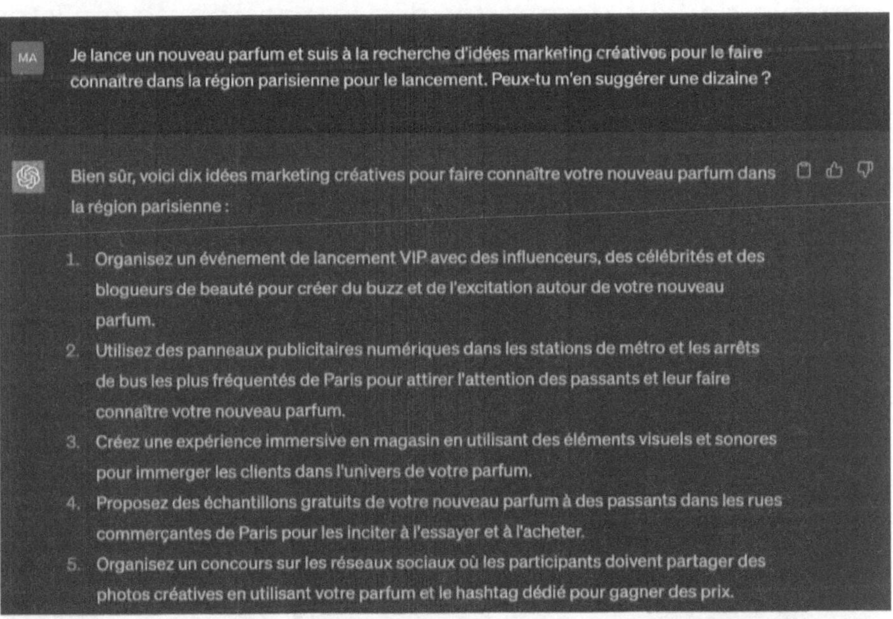

ChatGPT est l'exemple le plus souvent évoqué d'IA générative, mais il est loin d'être le seul. D'autres IA similaires existent et se développent rapidement.

On en trouve de plusieurs types :

Des générateurs de texte : on parle de "modèles de langage". C'est le cas de ChatGPT, mais aussi de LLaMa de Meta, Ernie de Baidu, Bard de Google, etc. Leur rôle est de générer des phrases qui ont du sens. Ils peuvent compléter un texte mais aussi dialoguer avec un humain ou travailler sur un texte pour le modifier, en suivant des instructions écrites dans la langue de notre choix (français, anglais, espagnol...). Ils peuvent aussi écrire du code dans des langages informatiques.

Des générateurs d'images : sur la base d'une simple description écrite, ils créent de nouvelles images. Il est possible de leur demander des images photo réalistes comme des concepts artistiques. C'est le cas de Dall-E (par OpenAI, les créateurs de ChatGPT), mais aussi de Midjourney, Stable Diffusion, etc.

Voici quelques exemples d'images générées par Midjourney :

Le plus perturbant est que ces personnes n'existent pas, elles sont entièrement inventées par l'IA (pour le koala qui joue de la guitare, je suppose que vous aviez deviné !).

Des générateurs de contenus audio : il est possible de générer des voix sur la base de texte (on parle de "text-to-speech"), et même des musiques. Certaines de ces IA sont encore jeunes mais prometteuses, et surtout : elles évoluent vite. Citons entre autres Elevenlabs, Coqui.ai, OpenAI Jukebox…

Des générateurs de vidéo : Runway, Synthesia.io, D-ID… si ces générateurs de vidéo sont très récents, ils évoluent là encore très vite. Il devient concevable de générer des vidéos sur la base d'une simple instruction texte désormais. Pourquoi pas un film produit à la demande un jour ?

Les IA capables de générer différents types de contenu – texte, image, vidéo, son, etc. – sont appelées des IA génératives multimodales.

Certaines de ces IA sont open source, c'est-à-dire que le modèle d'IA est accessible à tous, en particulier à des développeurs qui souhaitent le copier. D'autres sont interopérables par API, un outil qui permet à l'utilisateur d'interagir avec le modèle d'IA sans toutefois y avoir accès directement. Cette abondance facilite l'innovation dans toutes les directions.

Comprenez le fonctionnement de l'IA générative

Concentrons-nous sur la plus célèbre d'entre elles : ChatGPT.

C'est la combinaison de "Chat" (pour "discussion") et "GPT" (qui est le nom du modèle d'IA utilisé). GPT lui-même signifie Generative Pre-trained Transformer.

Ça ne vous avance pas beaucoup ? Creusons un peu plus :

Generative : cela signifie que c'est une IA générative, dont le rôle est de générer du contenu – du texte, des images, des vidéos, ou tout à la fois si c'est une IA générative multimodale.

Pre-trained : c'est une IA qui a été entraînée au préalable. On lui a fait lire des millions et des millions de livres, sites web, pages de l'encyclopédie en ligne Wikipédia. Cet entraînement lui permet d'avoir une connaissance du monde et du lien entre les mots (ou d'autres formes de contenu). Cette connaissance s'arrête à une certaine date (date de son dernier entraînement).

Transformer : c'est le nom de l'algorithme qui sert de base à GPT. Il a été inventé par des chercheurs de Google et publié sous un célèbre papier de recherche "Attention is all you need". Ce papier a été une petite révolution dans le monde de l'IA, car il permet à l'ordinateur de rapidement concentrer son attention sur les informations les plus pertinentes. Il permet aussi de traiter de nombreuses tâches en parallèle, et donc de mieux bénéficier de la puissance de calcul pour son fonctionnement.

En somme, ChatGPT est un outil de discussion, basé sur une IA qui génère du texte, que l'on a entraînée au préalable en lui faisant lire de nombreux livres et sites web, et qui fonctionne selon l'algorithme Transformer conçu à l'origine par des chercheurs de Google. Ouf !

OK, mais que fait ChatGPT concrètement ?

Le principe fondamental de GPT est de deviner le prochain mot qui pourrait convenir au texte. Si vous donnez un texte à GPT, il va faire de son mieux pour continuer le texte, tout en suivant les instructions que vous lui aurez données.

Prenons cet exemple :

"The capital city of Australia is..." (La capitale de l'Australie est...).

Playground

La bonne réponse est Canberra et, comme vous le voyez, c'était le prochain mot le plus probable à 98,24% dans l'exemple précédent. Néanmoins, GPT (et ChatGPT) n'a pas de notion de vérité. Il dit juste que "Canberra" est le mot le plus probable à la suite de ce texte.
Comme vous le voyez, il est un peu tenté de dire que c'est Sydney (ce qui est faux), probablement car

beaucoup de monde fait cette erreur dans les textes qu'il a lus lors de son entraînement.

De la même façon, si vous lui posez une question, il va faire de son mieux pour vous proposer une réponse plausible (mais pas nécessairement correcte !).

GPT est un algorithme non déterministe. Cela veut dire que si deux personnes lui posent la même question, il fournira probablement à chaque fois une réponse différente. GPT ne fait "que" jouer avec les probabilités. Il se dit en continu : "Hmm, voyons voir, quel pourrait être le prochain mot après cette phrase ?"

Réfléchissez aux enjeux de sûreté de l'IA à usage général

ChatGPT fait un peu plus qu'utiliser le modèle GPT. En effet, les équipes d'OpenAI qui le développent ont recours à d'autres stratagèmes pour le rendre cohérent, mais aussi pour éviter qu'il ne donne des informations potentiellement dangereuses (comme répondre à des questions horribles telles que : "Quel est le meilleur moyen de se suicider ?").

Pour ça, OpenAI a recours à du reinforcement learning from human feedback (RLHF), ou "apprentissage par renforcement à partir de retours humains" en français. Après sa phase d'entraînement (où il a lu tout le web et tous les livres qu'il pouvait), on a affiné le fonctionnement de ChatGPT en lui indiquant lesquelles de ses réponses les humains préféraient pour certaines questions types.

Il s'agit d'une technique pour tenter de spécifier à l'IA les préférences des utilisateurs. Remémorez-vous le chapitre sur la sûreté de l'IA et prenez le temps de réfléchir :

Est-ce que cette technique peut résoudre toutes les difficultés pour spécifier nos préférences à l'IA ?

Qui indique à l'IA ce que préfèrent les humains et selon quels critères ?

Comment indiquer à l'IA tous les comportements indésirables ?

Sommes-nous nous-mêmes capables de détecter tous les comportements indésirables de l'IA ?...

Ces évolutions placent de nombreuses questions sur le devant de la scène, qui n'étaient encore hier que de la science-fiction.

Il devient désormais très difficile de distinguer une image ou un texte inventé par une IA comparé à un humain. C'est un changement majeur de paradigme, qui n'est pas sans poser des questions de désinformation, de biais, d'impact sur l'emploi et de concentration du pouvoir, comme nous l'avons vu dans les chapitres précédents. Avec l'IA générative, créer des fausses images ou des faux textes devient un jeu d'enfant. En plus, l'IA invente elle-même des informations qui peuvent paraître plausibles, mais qui sont en réalité entièrement fausses (la capitale de l'Australie est...). Notre esprit critique doit toujours être sur ses gardes !

Ces risques et ces inquiétudes sont partagés par de nombreux scientifiques, mais aussi par les entreprises qui créent ces IA telles que OpenAI. Certains réclament une "pause" dans le développement de l'IA (qui semble improbable), d'autres plus de régulation, etc.

Comprenez l'évolution technologique : des IA étroites qui tendent à devenir de plus en plus générales

Si les IA génératives que nous venons de citer sont intéressantes, c'est parce qu'il s'agit à la base d'IA "étroites" qui commencent à acquérir de nouvelles fonctionnalités qui n'étaient pas prévues à la base

Dans le domaine de la génération de texte, ChatGPT a commencé avec une tâche simple : continuer la rédaction d'un texte (par exemple finir une phrase). Désormais, sans que nous l'ayons codé pour cela spécifiquement, ChatGPT peut :

Reformuler un texte dans un autre ton.

Résumer un texte.

Résoudre des problèmes mathématiques.

Corriger des fautes d'orthographe et de grammaire.

Traduire un texte dans n'importe quelle langue.

Brainstormer des idées.

Analyser les sentiments d'un texte.

Raisonner sur un problème (demandez-lui les avantages et les risques d'une IA telle que ChatGPT, vous aurez des résultats très intéressants !).

Dans le domaine de l'image (comme Dall-E), nous avons commencé à lui demander de générer de nouvelles images. C'est en soi quelque chose de fascinant à voir et très enthousiasmant ! Néanmoins, de nouvelles fonctionnalités sont apparues à l'usage :

Créer des variantes d'une image existante.

Agrandir des images pour inventer des zones autour de l'image.

Upscaler une image, pour augmenter sa définition à l'infini et avoir ainsi plus de précision (le rêve des séries télévisées policières devient réalité !).

Supprimer l'arrière-plan d'une image (même si celle-ci n'a pas été prise avec un fond vert).

Remplacer des objets sur une image existante.

Coloriser une image en noir et blanc de façon réaliste.

Générer des animations à partir d'une simple image statique.

L'apparition de ces nouvelles capacités correspond à des effets de seuils. C'est quelque chose qui a même surpris les chercheurs spécialistes en IA.

En faisant grossir un modèle d'IA (en lui donnant plus de données à lire, et plus de capacités à analyser les données avec plus de puissance informatique), celui-ci apparait d'un coup très performant dans de nouvelles tâches, qu'il était auparavant incapable d'effectuer, comme en témoignent les graphiques suivants de Google Research :

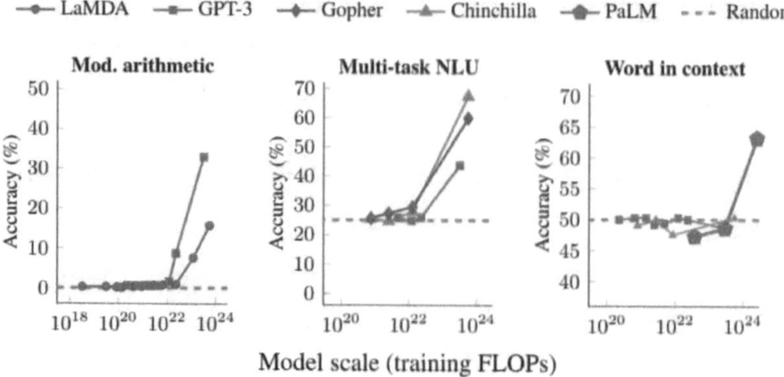

À partir d'une certaine taille, le modèle d'IA devient tout à coup capable de faire par exemple de l'arithmétique et de comprendre des questions multitâches ou le contexte autour d'un mot.

Actuellement, le développement de ces technologies avance à grande vitesse. Peut-être que les capacités des modèles atteindront un plateau et seront limitées en nouvelles fonctionnalités pendant plusieurs années. Peut-être même que ces IA participeront à accélérer le rythme des progrès techniques. Pour l'instant, ce que nous savons c'est que nous n'avons pas fini d'être surpris par leurs capacités.

Quel que soit le rythme de ces avancées, le développement de systèmes d'IA à usage général déployés à large échelle, capables de réaliser un nombre de tâches de plus en plus grand, pose des questions fondamentales qui engagent la société toute entière. Vous comprenez désormais leur fonctionnement, prenez le temps d'y réfléchir !

En résumé

Les modèles d'IA à usage général, aussi appelés modèles "fondationnels", sont capables de réaliser un très grand nombre de tâches différentes, contrairement à l'IA étroite qui est spécialisée dans une tâche précise. Une IA générale pourrait accomplir de nombreuses tâches aussi bien qu'un humain, et même mieux.

L'IA générative est une IA capable d'effectuer de nombreuses tâches liées à la génération de contenu comme du texte, des images, des vidéos, du son, etc.

ChatGPT est un exemple d'IA générative connue. Il s'agit d'une IA qui génère du texte, pré-entraînée en lui faisant lire de nombreux livres et sites web. Cet outil de discussion se base sur l'idée de prédire le prochain mot qui conviendrait dans un texte, mais il ne possède pas la vérité absolue.

Conclusion

Dans ce voyage captivant à travers le monde de l'Intelligence Artificielle, nous avons exploré un large éventail de sujets, des applications pratiques qui impactent nos vies quotidiennes aux enjeux éthiques et aux défis complexes qui se profilent à l'horizon. Au fil de ces chapitres, nous avons cherché à comprendre et à démystifier l'IA, afin de saisir son véritable potentiel et les opportunités qu'elle offre.

Nous avons commencé par détecter les applications de l'IA dans notre vie, réalisant ainsi à quel point cette technologie est devenue omniprésente, de nos assistants personnels à nos recommandations de produits en ligne. Ensuite, nous nous sommes repérés dans le vaste champ de l'intelligence artificielle, en examinant les différentes catégories et approches, des systèmes experts aux réseaux neuronaux profonds.

Il était essentiel de resituer le potentiel de l'IA au-delà des mythes répandus, afin de comprendre ses véritables capacités et ses limites. Nous avons également exploré les opportunités qu'elle offre, qu'il s'agisse d'améliorer les soins de santé, de révolutionner les secteurs de la finance et du commerce, ou encore d'ouvrir de nouvelles voies pour la créativité humaine.

Pourtant, avec ces opportunités viennent également des enjeux cruciaux. Nous avons donc identifié les questions de sûreté et de confiance liées à l'IA, soulignant l'importance de mettre en place des systèmes robustes et fiables pour garantir la protection des données et la transparence des décisions prises par les algorithmes.

De plus, nous avons abordé les enjeux d'une IA responsable et digne de confiance, mettant en avant la nécessité d'éthique, de diversité et de responsabilité lors de la conception et de l'utilisation des systèmes d'IA. Nous avons également évalué l'impact de l'IA sur le travail, reconnaissant à la fois les défis de la substitution des emplois et les opportunités de collaboration homme-machine pour créer de nouvelles formes de valeur ajoutée.

Enfin, nous avons plongé dans les étapes essentielles d'un projet d'IA, en mettant l'accent sur la méthodologie, la collecte de données, le choix des algorithmes et l'importance de l'itération et de l'apprentissage continu. Nous nous sommes également initiés aux concepts fondamentaux du Machine Learning et du Deep Learning, qui sont les moteurs de l'IA moderne.

En concluant ce voyage, il est essentiel de souligner que l'Intelligence Artificielle est bien plus qu'une simple technologie émergente. Elle représente une transformation profonde de nos sociétés, de nos économies et de nos vies. Pour exploiter pleinement son potentiel, nous devons adopter une approche équilibrée, basée sur une compréhension approfondie et une réglementation appropriée.

Alors que nous continuons à progresser dans l'ère de l'IA, il est primordial de s'engager activement dans des discussions éclairées et de participer à la conception d'une IA centrée sur l'humain. Nous avons tous un rôle à jouer, que ce soit en tant que développeurs, décideurs, citoyens ou consommateurs, pour façonner un avenir où l'IA favorise le bien-être collectif, l'équité et la durabilité.

Objectif IA est donc bien plus qu'un livre, c'est une invitation à embrasser l'IA avec curiosité, responsabilité et conscience. Nous espérons que cette exploration vous a inspiré à poursuivre votre apprentissage et à explorer les innombrables possibilités offertes par l'Intelligence Artificielle. En travaillant ensemble, nous pouvons créer un avenir où la technologie et l'humanité s'épanouissent en harmonie.

Yves Guéchi

le Networking

www.ingramcontent.com/pod-product-compliance
Lightning Source LLC
Chambersburg PA
CBHW031408250726

48656CB00002B/592